제대로
영작문

2
기본

장재영

유명 어학원과 영어학원에서 강의하면서 강사, 부원장, 원장을 역임.
(전) 리딩스타어학원 디렉터
(전) 청담어학원 원장
(전) 이발론교육 원장
(전) 고려대학교 국제어학원 영어교육프로그램 EiE 원장
(현) 슬기로운 영어학원 원장
특목고, 대학교 진로 진학 컨설팅

저서 『쓰담쓰담 내신영문법』 시리즈
　　　『시험에 강한 중학영문법』 시리즈

제대로 영작문 2 기본

지은이 장재영
펴낸이 정규도
펴낸곳 ㈜다락원

초판 1쇄 발행 2018년 1월 2일
개정판 2쇄 발행 2024년 6월 27일

편집 김민아, 홍인표
디자인 구수정, 황수영
영문 감수 Mark Holden
일러스트 윤미선

᭲ 다락원 경기도 파주시 문발로 211
내용 문의 (02)736-2031 내선 504
구입 문의 (02)736-2031 내선 250~252
Fax (02)732-2037
출판 등록 1977년 9월 16일 제406-2008-000007호
Copyright ⓒ 2024 장재영

ISBN 978-89-277-8073-1 54740
　　　978-89-277-8071-7 54740 (set)

www.darakwon.co.kr
다락원 홈페이지를 방문하시면 상세한 출판정보와 함께 동영상강좌, MP3 자료 등 다양한 어학 정보를 얻으실 수 있습니다.

제대로 영작문

2

기본

DARAKWON

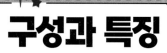

구성과 특징

서술형·수행평가 만점을 만드는
제대로 영작문 · 2

체계적인 단계별 영작 트레이닝

문법 설명 → Simple Test → Practice Test → Actual Test

Final Test ← Ready for Exams ← Review Test ↩

How to Study

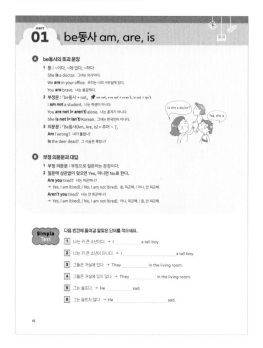

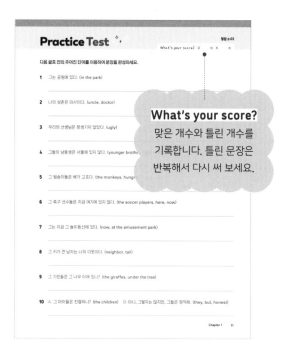

1 문법 설명

영작에 꼭 필요한 핵심 문법을 재미있는 삽화와
암기 팁 등과 함께 공부할 수 있습니다.

2 Simple Test

간단한 빈칸 채우기 문제로 문법에 대한 이해도를 확인합니다.

3 Practice Test

주어진 단어를 활용하여 비교적 짧고 쉬운 문장을
써 보는 연습 문제입니다.

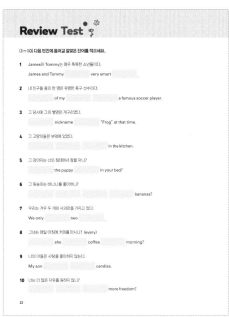

④ Actual Test

이제는 비교적 어려운 문장도 영작해보면서
문장을 자기 것으로 만듭니다.

⑤ Review Test

Chapter가 끝날 때마다 '빈칸 채우기'와 '문장 완성하기' 문제로
학습한 내용을 복습합니다.

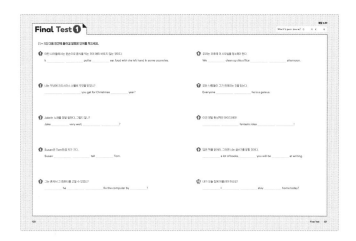

⑦ Final Test

모든 Chapter의 학습을 마친 후 앞서 배운 내용을 최종 점검합니다.
내신 서술형 평가와 수행평가에 제대로 대비하세요!

⑥ Ready for Exams

학교 시험을 위한 유형별 실전 서술형 평가 문제입니다.
내신 실전 문제에 완벽 대비합니다.

목차

Chapter

1

be동사와
일반동사

UNIT
01 be동사 am, are, is

A be동사의 뜻과 문장

1 뜻 : ~이다, ~에 있다, ~하다

She **is** a doctor. 그녀는 의사이다.

We **are** in your office. 우리는 너의 사무실에 있다.

You **are** brave. 너는 용감하다.

2 부정문 : 「be동사 + not」 📌 am not, are not = aren't, is not = isn't

I **am not** a student. 나는 학생이 아니다.

You **are not** (= **aren't**) alone. 너는 혼자가 아니다.

She **is not** (= **isn't**) Korean. 그녀는 한국인이 아니다.

3 의문문 : 「Be동사(Am, Are, Is) + 주어 ~ ?」

Am I wrong? 내가 틀렸니?

Is the deer dead? 그 사슴은 죽었니?

B 부정 의문문과 대답

1 부정 의문문 : 부정으로 질문하는 문장이다.

2 질문에 상관없이 맞으면 Yes, 아니면 No로 한다.

Are you tired? 너는 피곤하니?

→ Yes, I am (tired). / No, I am not (tired). 응, 피곤해. / 아니, 안 피곤해.

Aren't you tired? 너는 안 피곤하니?

→ Yes, I am (tired). / No, I am not (tired). 아니, 피곤해. / 응, 안 피곤해.

Simple Test

다음 빈칸에 들어갈 알맞은 단어를 적으세요.

1 나는 키 큰 소년이다. → I _____ a tall boy.

2 나는 키 큰 소년이 아니다. → I _____ _____ a tall boy.

3 그들은 거실에 있다. → They _____ in the living room.

4 그들은 거실에 있지 않다. → They _____ in the living room.

5 그는 슬프다. → He _____ sad.

6 그는 슬프지 않다. → He _____ _____ sad.

다음 괄호 안의 주어진 단어를 이용하여 문장을 완성하세요.

그는 공원에 있다. (in the park)

_____

나의 삼촌은 의사이다. (uncle, doctor)

_____

우리의 선생님은 못생기지 않았다. (ugly)

_____

그들의 남동생은 서울에 있지 않다. (younger brother, their, in Seoul)

_____

그 원숭이들은 배가 고프다. (the monkeys, hungry)

_____

그 축구 선수들은 지금 여기에 있지 않다. (the soccer players, here, now)

_____

그는 지금 그 놀이동산에 있다. (now, at the amusement park)

_____

그 키가 큰 남자는 나의 이웃이다. (neighbor, tall)

_____

그 기린들은 그 나무 아래 있니? (the giraffes, under the tree)

_____

0 A: 그 아이들은 친절하니? (the children)   B: 아니, 그렇지는 않지만, 그들은 정직해. (they, but, honest)

_____

Actual Test

What's your score?   O   개   X   개

다음 괄호 안의 주어진 단어와 조건을 이용하여 문장을 완성하세요.

1   A: 그는 의사가 아니니? (부정 의문문)   B: 아니, 의사야.

_____

2   A: 그 사냥꾼들은 그 숲속에 없니? (hunters) (부정 의문문)   B: 응, 없어.

_____

3   많은 사람들이 그 경기장에 있니? (a lot of, at the stadium)

_____

4   우리는 이 건물의 꼭대기에 있는 거니? (at the top of, building)

_____

5   내 친구 Kevin은 매우 특별한 소년이다. (special)

_____

6   그들은 위대한 음악가들이니? (great, musicians)

_____

7   A: 너는 배 안 고파?   B: 아니, 배고파.

_____

8   그는 도서관에 있다. (in the library)

_____

9   James, John, 그리고 Paul은 좋은 친구들이다.

_____

10   세 마리의 강아지들이 마당에 있다. (in the yard)

_____

New Words

living room 거실 | amusement park 놀이동산 | neighbor 이웃 | giraffe 기린 | hunter 사냥꾼 | forest 숲 | stadium 경기장 | top 꼭대기 | special 특별한 | musician 음악가 | library 도서관 | puppy 강아지 | yard 마당

UNIT 02 일반동사

A 일반동사의 종류와 쓰임

1 일반동사는 be동사와 조동사(can, will 등)를 제외한 모든 동사를 말한다.

ex have (가지다), go (가다), think (생각하다), decide (결정하다) 등 대부분의 동사

2 현재의 습관이나 반복적인 동작에 현재형을 쓴다.

Jihun **drinks** a glass of milk every morning. 지훈이는 아침마다 우유 한 잔을 마신다.

3 불변의 진리, 사실, 격언 등을 나타낼 때 현재형을 쓴다.

The Earth **moves** around the sun. 지구는 태양 주위를 돈다.

B 일반동사의 변화

1 주어가 3인칭 단수일 때 : 일반동사 현재형 뒤에 -s나 -es를 붙인다.

The frog leap**s** high. 그 개구리는 높이 뛴다.

Jack wash**es** his car every day. Jack은 매일 세차를 한다.

2 -es를 붙이는 경우 : ch, sh, o, x, z, s, ss로 끝나는 단어 뒤에는 -es를 붙인다.

A good soccer player **passes** a ball very well. 훌륭한 축구 선수는 공을 매우 잘 패스한다.

📌 "ch와 sh가 o/x 퀴즈를 하다가 잠(z)이 들었는데 깨보니 s가 ss로 바뀌었더라잉"라고 외우면 쉽다.

3 「자음 + y」로 끝나는 경우 : y를 i로 고치고 -es를 붙인다.

The duck **tries** to catch fish every day. 그 오리는 매일 고기를 잡으려고 노력한다.

4 「모음 + y」로 끝나는 경우 : y 뒤에 -s만 붙인다.

She **plays** the piano very well. 그녀는 피아노를 아주 잘 친다.

Simple Test

다음 빈칸에 들어갈 알맞은 단어를 적으세요.

1 Tom과 Jerry는 숨바꼭질을 좋아한다.

→ Tom and Jerry _____ hide-and-seek.

2 David는 매주 일요일에 축구를 한다.

→ David _____ soccer every Sunday.

3 정민이는 버스로 학교에 간다.

→ Jeongmin _____ to school by bus.

4 민수는 공장 안에서 많은 상자를 옮긴다.

→ Minsu _____ many boxes in the factory.

Practice Test

다음 괄호 안의 주어진 단어를 이용하여 문장을 완성하세요.

1 우리는 일주일에 한 번씩 그 식당에서 점심을 먹는다. (at the restaurant, once a week)

_____

2 그는 그의 숙제를 열심히 한다. (do, hard)

_____

3 그들은 주말마다 그들의 삼촌을 방문한다. (visit, every weekend)

_____

4 두 마리의 배고픈 사자가 사슴 한 마리를 향해 돌진한다. (to a deer, rush)

_____

5 그녀는 쇼핑하러 가기를 좋아한다. (to go shopping)

_____

6 그들은 내 집을 사기를 원한다. (want to buy)

_____

7 우리 영어 선생님은 항상 빨간색 연필을 가지고 다니신다. (always, carry)

_____

8 저 나이든 원숭이는 땅콩을 잘 먹는다. (that old monkey)

_____

9 너의 친구 John이 내 카메라를 가지고 있다. (have, my camera)

_____

10 그 소녀들은 공포 영화를 좋아한다. (horror movies)

_____

Actual Test ⭐☆

What's your score? O 개 X 개

다음 괄호 안의 주어진 단어를 이용하여 문장을 완성하세요.

1 그 남자는 매일 아침 공원에서 달린다. (man, park)

_____

2 그들은 비싼 차를 사고 싶어 한다. (expensive, want to)

_____

3 Sam은 훌륭한 축구 선수가 되기를 원한다. (great, soccer player, to be)

_____

4 우리는 일주일에 한 번 우리 삼촌의 차를 세차한다. (once a week, wash)

_____

5 그는 매일 저녁 부엌에서 무언가를 요리한다. (something, cook, kitchen, every)

_____

6 그 선생님은 매일 아침 반 학생들 앞에 서 있다. (stand, in front of, class)

_____

7 그는 매일 점심 식사 후에 산책한다. (take a walk, after lunch)

_____

8 그녀는 학교에서 영어를 가르친다. (teach, at)

_____

9 Patrick은 우체국에서 일한다. (at the post office)

_____

10 그녀는 다섯 가지 언어를 말한다. (speak, languages)

_____

New Words

leap 도약하다 | hide-and-seek 숨바꼭질 | every Sunday 매주 일요일에 (= on Sundays) | by bus 버스로 | once 한 번 | hard 열심히 | deer 사슴 | rush 돌진하다 | horror movie 공포 영화 | expensive 비싼 | cook 요리하다 | kitchen 부엌 | in front of ~앞에 | class 반 학생들 | take a walk 산책하다 | post office 우체국 | language 언어

UNIT 03 일반동사의 부정문과 의문문

Ⓐ 일반동사의 부정문

일반동사 앞에 do not (= don't), does not (= doesn't)를 붙이고 동사는 원형으로 쓴다.
Good people **do not (= don't)** tell lies. 좋은 사람들은 거짓말을 하지 않는다.

Ⓑ 일반동사의 의문문

1 「Do + 주어 + 동사원형?」 / 「Does + 주어(3인칭 단수) + 동사원형?」
Do나 Does를 문장의 맨 앞에 쓰고, 주어를 쓰고, 동사원형을 쓴다.
Does she **sing** well? 그녀는 노래를 잘 부르니?
Do you **play** baseball every weekend? 너는 주말마다 야구를 하니?

2 대답은 Yes나 No로 한다.
Do lions **attack** rhinoceros? 사자들이 코뿔소들을 공격하니?
→ **Yes**, they **do**. / **No**, they **don't**. 응, 그래. / 아니, 그렇지 않아.

일반동사

📌 일반동사는 의문문과 부정문을 만들 때 조동사 do, does, did를 사용한다.
"땅 속에서 두더지(do, does)가 튀어 나온다"로 외워보자.

Ⓒ 일반동사의 부정 의문문

대답은 질문에 상관없이 맞으면 Yes 아니면 No로 한다.
Do you have a car? 너는 차를 가지고 있니?
→ **Yes**, I **do**. / **No**, I **don't**. 응, 그래. / 아니, 그렇지 않아.
Don't you have a car? 너는 차를 가지고 있지 않니?
→ **Yes**, I **do**. / **No**, I **don't**. 아니, 가지고 있어. / 응, 가지고 있지 않아.

Simple Test

다음 빈칸에 들어갈 알맞은 단어를 적으세요.

1 나는 여름에는 생선을 먹지 않는다. → I _____ eat fish in summer.

2 그녀는 차가운 우유는 마시지 않는다. → She _____ drink cold milk.

3 그 회사는 그 제품을 더 이상 생산하지 않는다. (produce)
→ The company _____ _____ the product any more.

4 그 음악가는 거리에서 공연을 하니? (perform)
→ _____ the musician _____ on the street?

5 A: 너는 오늘 학교 안 가니?   B: 응, 안 가.
→ A: _____ you go to school today?
   B: _____, I don't.

Practice Test

음 괄호 안의 주어진 단어를 이용하여 문장을 완성하세요.

우리는 일주일에 한 번은 아침을 먹지 않는다. (once a week, eat breakfast)

_____

그녀는 연필로 그림을 그리지 않는다. (with a pencil, draw pictures)

_____

그들은 여름방학 동안 집에 머물러 있지 않는다. (summer vacation, stay at home, during)

_____

그들은 맛있는 햄버거를 파니? (sell, hamburgers, delicious)

_____

그녀는 만화책 읽기를 좋아하니? (comic books, to read)

_____

너는 특별한 동전들을 수집하니? (special coins, collect)

_____

그녀는 그녀의 남동생들을 잘 돌보니? (take care of, well)

_____

A: 그녀는 많은 돈을 버니? (earn, much)   B: 아니, 그렇지 않아.

_____

A: 그 소년들은 벤치에 앉는 것을 좋아하니? (to sit, on the bench)   B: 응, 좋아해.

_____

10 A: 그 소녀들은 정원에서 노는 것을 좋아하지 않니? (to play, in the garden)   B: 응, 좋아하지 않아.

_____

Actual Test ☆☆

What's your score? O   개 X   개

다음 괄호 안의 주어진 단어를 이용하여 문장을 완성하세요.

1 A: 그들은 액션 영화를 보지 않니? (watch)   B: 아니, 봐.

_____

2 그들은 비싼 음식을 먹지 않는다. (expensive food)

_____

3 학교에서, Jennifer는 엄마에게 문자를 보내지 않는다. (text her mom)

_____

4 그녀는 지금 부산으로 가야 하니? (now, have to, go to Busan)

_____

5 많은 사람이 그 식당에서 저녁을 먹나요? (have dinner, many people, at the restaurant)

_____

6 A: 그는 매일 자전거를 타니? (ride)   B: 아니, 타지 않아.

_____

7 그녀는 많은 신발을 가지고 있지 않다. (a lot of, shoes)

_____

8 A: Daniel은 매일 세수를 하니? (wash, face)   B: 응, 세수 해.

_____

9 그들은 더 많은 휴식을 원하니? (more rest)

_____

10 A: 그들은 클래식 음악을 듣니? (listen to)   B: 응, 들어.

_____

New Words

tell a lie 거짓말하다 | attack 공격하다 | rhinoceros 코뿔소 | company 회사 | product 제품 | produce 생산하다 |
not ~ any more 더 이상 ~아닌 | perform 공연하다 | stay 머무르다 | collect 수집하다 | coin 동전 | earn (돈을) 벌다 |
take care of ~을 돌보다 | action movie 액션 영화 | ride 타다 | face 얼굴 | more 더 많은 | rest 휴식 | classical music 클래식 음악

UNIT 04 현재진행형

A 현재진행형의 형태와 의미

1 형태 : 「be동사(am, are, is) + -ing」

2 의미 : ~하고 있다, ~하고 있는 중이다

He **is eating** an apple. 그는 사과 하나를 먹고 있다.

3 「동사 + -ing」 만드는 방법

대부분의 동사	동사원형 + -ing	ⓔⓧ eat**ing**, look**ing**
-e로 끝나는 동사	e를 빼고 + -ing	ⓔⓧ mak**ing**, com**ing**
「단모음 + 단자음」으로 끝나는 동사	자음 하나 더 쓰고 + -ing	ⓔⓧ run**ning**, sit**ting**
-ie로 끝나는 동사	ie를 y로 바꾸고 + -ing	ⓔⓧ d**ying**, l**ying**

B 부정문과 의문문

1 부정문 : 「be동사(am, are, is) + not + -ing」 '~하고 있지 않다'

I **am not studying** now. 나는 지금 공부하고 있지 않다.

2 의문문 : 「Be동사(Am, Are, Is) + 주어 + -ing?」

→ Yes, 주어 + be동사(am, are, is).

→ No, 주어 + am not, aren't, isn't.

Are they **drinking** water? 그들은 물을 마시고 있니?

→ Yes, they are. 응, 그래. / No, they aren't. 아니, 안 그래.

📌 과거진행형과 미래진행형

1. 과거진행형 : 「be동사(was, were) + -ing」 '~하고 있었다, ~하는 중이었다'

   ⓔⓧ We were walking in the park. 우리는 공원에서 걷고 있었다.

2. 미래진행형 : 「will be + -ing」 '~하고 있을 것이다, ~하는 중일 것이다'

   ⓔⓧ She will be reading a book tomorrow. 그녀는 내일 책을 읽고 있을 것이다.

Simple Test

다음 빈칸에 들어갈 알맞은 단어를 적으세요.

1 나는 컴퓨터 게임을 하고 있다. → I _____ _____ a computer game.

2 너는 저녁을 먹고 있니? (have) → _____ you _____ dinner?

3 그녀는 사진을 찍고 있지 않다. → She _____ _____ taking pictures.

4 A: 그는 노래하는 중이니?   B: 아니, 안 그래.

　　→ A: _____ he _____ ?   B: No, _____ _____.

Practice Test

What's your score? O 개 X 개

다음 괄호 안의 주어진 단어를 이용하여 문장을 완성하세요.

1 우리는 부엌에서 피자를 먹고 있다. (in the kitchen)

_____

2 그 기름은 나의 책상 위로 퍼져가고 있다. (oil, spread, on)

_____

3 그는 지금 두 대의 차를 팔고 있는 중이다. (sell)

_____

4 그녀는 작은 의자를 만드는 중이다. (small)

_____

5 A: 그녀는 지금 울고 있니? (cry)   B: 응. 그래.

_____

6 A: 그들은 지금 축구를 하고 있니? (soccer)   B: 아니, 안 하고 있어.

_____

7 그녀는 그녀의 방에서 음악을 듣고 있니? (listen to, in her room)

_____

8 Scott은 연못에서 수영을 하고 있지 않다. (in the pond)

_____

9 그 학생들은 거짓말을 하고 있니? (lie)

_____

10 A: 그는 숙제를 하고 있니? (do, his homework)   B: 아니, 안 하고 있어.

_____

Actual Test ★☆

What's your score? O ___ 개 X ___ 개

다음 괄호 안의 주어진 단어를 이용하여 문장을 완성하세요.

1 그녀는 그 케이크를 셋으로 나누고 있는 중이다. (divide, three, into)

_____

2 그 제트기는 바다 위로 날아가고 있는 중이다. (jet, fly, over the sea)

_____

3 그 고양이들은 지금 생선을 먹고 있니? (fish)

_____

4 그 테니스 선수는 그의 라켓을 움켜쥐고 있다. (tennis, racket, grab)

_____

5 Patrick은 John에게 이메일을 보내고 있는 중이다. (send, email, to)

_____

6 그 남자는 수원(Suwon)에서 농구 경기를 보고 있는 중이다. (watch, basketball game)

_____

7 너는 나에게 진실을 말하고 있니? (tell me the truth)

_____

8 Jin과 Jen은 신선한 과일들을 사고 있는 중이다. (fresh, fruits)

_____

9 그는 헬스클럽에서 운동을 하고 있는 중이었다. (exercise, at the gym)

_____

10 나는 정오에 너를 기다리고 있는 중일 것이다. (will be, wait for, at noon)

_____

New Words

oil 기름 | spread 퍼지다 | sell 팔다 | cry 울다 | pond 연못 | divide 나누다 | jet 제트기 | racket 라켓 | grab 움켜쥐다 | send 보내다 | watch 보다 | basketball 농구 | tell somebody the truth ~에게 진실을 말하다 | fresh 신선한 | fruit 과일 | exercise 운동하다 | gym 체육관, 헬스클럽 | wait for ~을 기다리다 | noon 정오

Review Test

(1~10) 다음 빈칸에 들어갈 알맞은 단어를 적으세요.

1 James와 Tommy는 매우 똑똑한 소년들이다.

James and Tommy ＿＿＿＿＿ very smart ＿＿＿＿＿ .

2 내 친구들 중의 한 명은 유명한 축구 선수이다.

＿＿＿＿＿ of my ＿＿＿＿＿ ＿＿＿＿＿ a famous soccer player.

3 그 당시에 그의 별명은 개구리였다.

＿＿＿＿＿ nickname ＿＿＿＿＿ "Frog" at that time.

4 그 고양이들은 부엌에 있었다.

＿＿＿＿＿ ＿＿＿＿＿ ＿＿＿＿＿ in the kitchen.

5 그 강아지는 너의 침대에서 잠을 자니?

＿＿＿＿＿ the puppy ＿＿＿＿＿ in your bed?

6 그 원숭이는 바나나를 좋아하니?

＿＿＿＿＿ ＿＿＿＿＿ ＿＿＿＿＿ ＿＿＿＿＿ bananas?

7 우리는 겨우 두 개의 사과만을 가지고 있다.

We only ＿＿＿＿＿ two ＿＿＿＿＿ .

8 그녀는 매일 아침에 커피를 마시니? (every)

＿＿＿＿＿ she ＿＿＿＿＿ coffee ＿＿＿＿＿ morning?

9 나의 아들은 사탕을 좋아하지 않는다.

My son ＿＿＿＿＿ ＿＿＿＿＿ candies.

10 너는 더 많은 자유를 원하지 않니?

＿＿＿＿＿ ＿＿＿＿＿ ＿＿＿＿＿ more freedom?

What's your score? O　　　개 X　　　개

11~20) 다음 괄호 안의 주어진 단어를 이용하여 문장을 완성하세요.

11 그 가수들은 지금 무대 위에서 노래하고 있니? (on the stage)

12 그는 지금 중국으로 가고 있지 않다. (go, to, China)

13 그녀의 은퇴는 많은 사람들을 슬프게 하고 있다. (retirement, make, sad)

14 나의 누나는 설거지를 하지 않는다. (do the dishes)

15 너의 어머니는 저녁에 TV를 보시니? (in the evening)

16 태양은 동쪽에서부터 떠오른다. (from the east)

17 A: 그녀는 네 영어 선생님이 아니니?　 B: 아니, 맞아.

18 그들은 집을 소유하고 있지 않다. (own)

19 나의 사장님은 매주 토요일에 골프를 친다. (boss)

20 나의 친구 Robin은 LA에 산다. (in)

Ready for Exams

[01~02] 다음 우리말과 같은 뜻이 되도록 주어진 단어를 바르게 배열하시오.

01

그들은 더 이상 우리의 적들이 아니다.

(are, enemies, they, not, any more, our)

→ _____

_____

02

그녀는 겨울에 스키타러 가는 것을 좋아하니?

(go skiing, she, like to, in, does, winter)

→ _____

_____

[03~04] 다음 괄호 안에 주어진 단어와 조건을 활용하여 밑줄 친 우리말을 바르게 영작하시오.

03

그 남자는 그의 방에서 역사책을 읽고 있다.

(read, a history book, in)

조건 1 현재진행형으로 쓸 것.

조건 2 10단어로 쓸 것.

→ _____

_____

04

그녀는 주말에 집에 머무는 것을 좋아하지 않는다.

(stay at home, on weekends, like to)

조건 9단어로 쓸 것.

→ _____

_____

05 다음 대화에서 밑줄 친 우리말을 바르게 영작하시오.

M : Aren't you bored now?

W : 아니, 지루해. (3단어)

→ _____

06 다음 중 어법상 틀린 문장을 모두 찾아 그 기호를 쓰고 바르게 고쳐 문장을 다시 쓰시오.

ⓐ I'm dance very well.

ⓑ They are my close friends.

ⓒ Does he go to school by bus?

ⓓ Aren't they want a new house?

ⓔ Some people doesn't want to eat a lot.

(1) (   )

→ _____

(2) (   )

→ _____

(3) (   )

→ _____

Chapter

2

동사의 시제

UNIT 05 be동사의 과거 was, were

Ⓐ be동사의 과거형

1 am, is의 과거형 : was

He **was** a wicked man at that time. 그는 그 당시에 사악한 사람이었다.

2 are의 과거형 : were

You **were** fat two years ago. 너는 2년 전에 뚱뚱했다.

Ⓑ be동사 과거형의 부정문과 의문문

1 부정문 : 「주어+ was, were + not」 📌 was not = wasn't, were not = weren't

I **was not (= wasn't)** ready for the test. 나는 시험에 준비되지 않았다.

The hungry tigers **were not (= weren't)** their friends any more.
그 배고픈 호랑이들은 더 이상 그들의 친구가 아니었다.

2 의문문 : 「Was, Were + 주어 ~?」

was, were와 주어의 순서를 바꾼 후 물음표를 붙인다.

Were they happy at the party? 그들은 그 파티에서 즐거웠니?

3 부정 의문문 : Wasn't + 주어 ~? / 「Weren't + 주어 ~?」

Wasn't he at home that day? 그는 그날 집에 있지 않았니?

They were in the jungle.

Simple Test

다음 빈칸에 들어갈 알맞은 단어를 적으세요.

1 그는 어제 그곳에 있었다.

→ He _____ there yesterday.

2 Peter는 작년에는 의사가 아니었다.

→ Peter _____ a doctor last year.

3 그녀는 두 시간 전에 그녀의 사무실에 있었니?

→ _____ she in her office two hours ago?

4 그들은 어제 그 병원에서 슬퍼하지 않았니?

→ _____ they sad in the hospital yesterday?

5 그는 엔지니어가 아니었다. 그는 선생님이었다.

→ He _____ an engineer. He was a teacher.

Practice Test

What's your score?   O   개   X   개

다음 괄호 안의 주어진 단어를 이용하여 문장을 완성하세요.

1 그는 지난주에 서울에 없었다. (in Seoul, last week)

_____

2 그들은 축구 선수들이었니? (soccer players)

_____

3 부엌에 고양이 한 마리가 있지 않았니? (there, in the kitchen)

_____

4 그 영화는 매우 지루했다. (boring)

_____

5 그 군인들은 너희 적들이 아니었니? (the soldiers, your enemies)

_____

6 나의 할아버지는 좋은 역사 선생님이셨다. (history)

_____

7 그때에 너의 별명은 기린이었니? (nickname, "giraffe", at that time)

_____

8 너는 음식도 없이 배고프지 않았니? (hungry, without food)

_____

9 그는 용감한 군인이었다. (brave, soldier)

_____

10 꿈에서 한 천사가 내 옆에 있었다. (angel, next to, in my dream)

_____

Actual Test ☆☆

What's your score? O   개 X   개

다음 괄호 안의 주어진 단어를 이용하여 문장을 완성하세요.

1 너희는 어제 너희 삼촌 집에 있었니? (you, your uncle's house)

_____

2 너는 캐나다(Canada)에서 그의 가장 친한 친구였니? (best friend)

_____

3 John은 5년 전에는 엄격한 사람이 아니었다. (strict person, ago)

_____

4 그 농부들은 키가 크지 않았니? (the farmers)

_____

5 그는 좋은 경찰이었니? (police officer)

_____

6 너희는 그 당시에 교실에 있었니? (at that time)

_____

7 그 아이들은 조용하지 않았니? (quiet)

_____

8 그는 잔인한 사람이 아니었다. (cruel)

_____

9 그들은 보트 위에 없었니?

_____

10 그것은 중요한 경험이었다. (experience)

_____

New Words

wicked 사악한 | not ~ any more 더 이상 ~아닌 | office 사무실 | engineer 엔지니어, 기술자 | boring 지루한 | soldier 군인 |
enemy 적 | at that time 그때에, 그 당시에 | without ~없이 | brave 용감한 | strict 엄격한 | farmer 농부 | police officer 경찰 |
cruel 잔인한 | important 중요한 | experience 경험

UNIT 06 일반동사의 과거

Ⓐ 일반동사의 과거형

1 동사의 현재형에 -ed를 붙인다.

He play**ed** with his friends at home. 그는 집에서 그의 친구들과 놀았다.

2 「단모음 + 단자음」으로 끝날 때 : 자음을 한 번 더 쓰고 -ed를 붙인다.

They plan**ned** a surprise party. 그들은 깜짝 파티를 계획했다.

3 「자음 + y」로 끝날 때 : y를 i로 고치고 -ed를 붙인다.

The baby cr**ied** all day long. 그 아기는 온종일 울었다.

4 불규칙 동사 변화는 외워야 한다. **ex** buy – bought, say – said, think – thought 등

Ⓑ 일반동사 과거형의 부정문과 의문문

1 부정문 : 「주어 + did not (= didn't) + 동사원형」

He **didn't play** computer games last night.

그는 어젯밤에 컴퓨터 게임을 하지 않았다.

2 의문문 : 「Did + 주어 + 동사원형 ~?」

Did you **take** some pictures at the zoo yesterday?

너는 어제 동물원에서 사진 좀 찍었니?

→ Yes, I did. / No, I didn't. 응, 그랬어. / 아니, 안 그랬어.

3 부정 의문문 : 「Didn't + 주어 + 동사원형 ~?」

Didn't she **eat** anything for breakfast? 그녀는 아침밥으로 아무것도 먹지 않았니?

→ Yes, she did. / No, she didn't. 아니, 먹었어. / 응, 안 먹었어.

Simple Test

다음 빈칸에 들어갈 알맞은 단어를 적으세요.

1 많은 어린이들이 그 박물관을 방문했다.

→ Many children _____ the museum.

2 엄마는 백화점에서 작은 가방을 하나 사셨다.

→ My mom _____ a small bag at the department store.

3 그는 지난주에 테니스를 치지 않았다.

→ He _____ _____ tennis last week.

4 Kevin은 그녀를 자기의 생일 파티에 초대했니?

→ _____ Kevin _____ her to his birthday party?

5 그 화가가 이것을 그리지 않았니? → _____ the painter draw this?

Practice Test

What's your score? O   개 X   개

다음 괄호 안의 주어진 단어를 이용하여 문장을 완성하세요.

1   그 소년은 세 개의 상자를 동시에 옮겼다. (carry, at the same time)

_____

2   그들은 지난 토요일에 야구를 했다. (last Saturday, baseball)

_____

3   엄마는 두 시간 전에 부엌에서 빵을 조금 구우셨다. (bake, some bread, two hours ago)

_____

4   그 고양이들은 큰 생선들을 가지고 왔다. (bring)

_____

5   나의 팀이 지난주에 그 경기에서 이겼다. (last week, win the game)

_____

6   너희 팀은 그 경기에서 졌니? (lose the game)

_____

7   그 사냥꾼들은 숲속에서 곰을 한 마리도 보지 못했다. (the hunters, in the forest, see, any)

_____

8   A: 너는 어제 숙제 안 했니? (do your homework)   B: 아니, 했어.

_____

9   그 건축가는 작년에 많은 집을 지었니? (architect, last year)

_____

10   그녀는 우리와 함께 피아노를 연주하지 않았다. (play the piano)

_____

Actual Test

What's your score? O   개   X   개

다음 괄호 안의 주어진 단어를 이용하여 문장을 완성하세요.

그녀는 어제 그 오디션에 합격하지 않았니? (pass the audition)

_____

James는 오늘 그의 필통을 가지고 오지 않았다. (bring, pencil case)

_____

Steve는 지난 일요일에 교회에 가지 않았다. (last Sunday)

_____

그 음악가들은 다양한 악기들을 연주하지 않았니? (various instruments, musicians)

_____

그 변호사는 한 번에 많은 일을 처리하지 않았다. (many, the lawyer, at a time, treat)

_____

그들은 그 미팅에 참여하지 않았다. (participate in)

_____

그는 어제 사진을 찍지 않았니? (take pictures)

_____

A: 너는 우산을 안 가져왔니? (bring)   B: 아니, 가져왔어.

_____

그들은 어제 최종 결과를 발표하지 않았다. (the final result, release, yesterday)

_____

0 그들은 그 전쟁에서 살아남았고 집으로 돌아갔다. (survive the war, return)

_____

New Words

all day long 하루 종일 | take a picture 사진을 찍다 | museum 박물관 | department store 백화점 | carry 옮기다, 운반하다 | at the same time 동시에 | architect 건축가 | pass 합격하다 | audition 오디션 | bring 가지고 오다 | various 다양한 | instrument 악기 | lawyer 변호사 | treat 처리하다 | participate in ~에 참여하다 | release 발표하다 | result 결과 | survive 살아남다 | return 돌아가다

UNIT 07 미래시제 will

Ⓐ will의 의미와 형태

1 의미 : ~할 것이다

He **will** throw this ball. 그는 이 공을 던질 것이다.

2 형태 :「will + 동사원형」

I **will** exercise in the morning. 나는 아침에 운동을 할 것이다.

They **will** watch a movie on Friday. 그들은 금요일에 영화를 볼 것이다.

Ⓑ will의 부정문과 의문문

1 부정문 :「will not (= won't) + 동사원형」

We **will not** lose this game. 우리는 이 경기에서 지지 않을 것이다.

I **won't** be late for school again. 나는 다시는 학교에 지각하지 않을 것이다.

2 의문문 :「Will + 주어 + 동사원형 ~?」

Will you **do** me a favor? 부탁 좀 들어줄래?

Will Jessica **visit** her grandparents in Busan?
Jessica는 부산에 계신 조부모님을 방문할 거니?

Simple Test

다음 빈칸에 들어갈 알맞은 단어를 적으세요.

1 나는 오늘 오후에 너에게 전화할 것이다.

→ I _____ call you this afternoon.

2 그들은 이 문제를 풀 것이다.

→ They _____ solve this problem.

3 나는 거기에 가지 않을 것이다.

→ I _____ _____ go there.

4 그녀는 그 사과를 먹지 않을 것이다.

→ She _____ eat the apple.

5 Tom이 Angela에게 이메일을 보낼 것인가?

→ _____ Tom send Angela an email?

will을 사용해서 다음 우리말을 영작하세요.

그들은 여기에서 많은 사람을 도울 것이다. (a lot of, here)

_____

우리는 내일 너희 집에서 프라이드 치킨을 조금 먹을 것이다. (some fried chicken, in your house)

_____

우리는 점심으로 피자를 먹지 않을 것이다. (eat, for lunch)

_____

그가 그 노래를 처음으로 부를 것인가? (for the first time)

_____

나는 다시는 그 레스토랑에 가지 않을 것이다. (the restaurant, again)

_____

너는 다음 주 토요일에 그 동물원에 갈 거니? (next Saturday, go to the zoo)

_____

그가 내일 너에게 꽃을 사 줄 것이다. (flowers)

_____

너는 너의 모든 돈을 거기서 쓸 거니? (all of your money, spend, there)

_____

그 공주는 그 왕자와 결혼하지 않을 것이다. (the princess, marry, the prince)

_____

0 그 치과 의사는 이번 주말에 그 학회에 참석할 것이다. (dentist, the conference, take part in)

_____

Actual Test ☆☆

정답 p.0

What's your score? O   개   X   개

will을 사용해서 다음 우리말을 영작하세요.

1 많은 축구 선수들이 다음 주 수요일에 사인회를 할 것이다. (hold, autograph signing session)

_____

2 너는 언젠가는 외국으로 갈 거니? (go abroad, someday)

_____

3 그들은 그 미술관에 기부하지 않을 것이다. (art gallery, donate to)

_____

4 그 아기는 우유를 제때에 마실 것인가? (on time)

_____

5 내일 비가 올 것인가? (it)

_____

6 너는 저 아름다운 꽃들을 살 거니? (those)

_____

7 그는 내일 돌아올까? (come back)

_____

8 그녀는 너를 보지 않을 거야. (see)

_____

9 그는 다음 주에 잠실(Jamsil)로 이사 갈 것이다. (move, next)

_____

10 그것은 10달러의 비용이 들 것이다. (cost)

_____

New Words

favor 호의, 친절, 은혜 | solve (문제를) 풀다 | spend (시간, 돈을) 쓰다 | for the first time 처음으로 | marry ~와 결혼하다 |
take part in ~에 참여하다 | conference 학회, 회담 | autograph signing session 사인회 | abroad 해외로 | art gallery 미술관
| donate to ~에 기부하다, 기증하다 | on time 제때에, 제시간에, 정각에 | move 이사 가다 | cost 비용이 들다

미래시제 be going to

A be going to의 의미와 형태

1 의미 : ~할 예정이다, ~할 것이다

He **is going to** ride his bicycle after school. 그는 방과 후에 자전거를 탈 예정이다.

2 형태 : 「am, are, is + going to + 동사원형」

I **am going to** see the movie with Jane this Saturday.
나는 이번 토요일에 Jane과 그 영화를 볼 예정이다.

B be going to의 부정문과 의문문

1 부정문 : 「am, are, is + not + going to + 동사원형」

📌 am not going to, are not (= aren't) going to, is not (= isn't) going to

We **are not (= aren't) going to** have a meeting tonight.
우리는 오늘 밤에 회의를 하지 않을 예정이다.

He **is not (= isn't) going to** open his shop today.
그는 오늘 가게를 열지 않을 예정이다.

2 의문문

Am I going to + 동사원형 ~?
Are + 주어 + going to + 동사원형 ~?
Is + 주어 + going to + 동사원형 ~?

Are you **going to** go there? 너는 거기에 갈 예정이니?

Is he **going to** study Japanese? 그는 일본어를 공부할 예정이니?

Are you going to ride a horse?

Yes, I am.

Simple Test

다음 빈칸에 들어갈 알맞은 단어를 적으세요.

1 나의 아버지는 그의 농장을 파실 예정이다.

→ My father ＿＿＿＿＿ ＿＿＿＿＿ ＿＿＿＿＿ sell his farm.

2 그녀는 도서관에서 공부하지 않을 예정이다.

→ She ＿＿＿＿＿ ＿＿＿＿＿ ＿＿＿＿＿ study at the library.

3 그는 내일 대구로 갈 예정이니?

→ ＿＿＿＿＿ he ＿＿＿＿＿ ＿＿＿＿＿ go to Daegu tomorrow?

4 우리는 이 프로젝트를 내일까지 마칠 예정이다.

→ We ＿＿＿＿＿ ＿＿＿＿＿ ＿＿＿＿＿ finish this project by tomorrow.

Practice Test

be going to를 사용해서 다음 우리말을 영작하세요.

1   나의 형은 내년 봄에 군대에 갈 예정이다. (enter the military, next spring)

_____

2   그 축구 선수는 2년 후에 은퇴할 예정이다. (retire, in two years)

_____

3   우리는 그 레스토랑에서 저녁을 먹을 것이다. (restaurant, have dinner)

_____

4   나는 기말고사를 위해서 열심히 공부할 예정이다. (for the final exam)

_____

5   너는 네 아버지의 차를 세차할 예정이니? (wash your father's car)

_____

6   그는 크리스마스에 큰 파티를 열 예정이다. (have a big party, on Christmas day)

_____

7   나의 가장 친한 친구 Sam이 나의 어머니를 위해 노래를 부를 예정이다. (sing a song, my mother)

_____

8   나는 그 여행을 위해 너에게 많은 돈을 주지 않을 것이다. (a lot of money, for the trip)

_____

9   Brian은 내년에도 그 어린이들의 좋은 친구로 남을 것이다. (remain, next year)

_____

10   나는 내일 미국에 있는 한 친구에게 소포를 보낼 예정이다. (package, send, in America)

_____

Actual Test ✿

be going to를 사용해서 다음 우리말을 영작하세요.

1 너는 내년에 그 독서클럽에 참여할 예정이니? (join)

_____

2 나의 부모님은 내일 우리를 동물원에 데리고 가실 예정이다. (take us to)

_____

3 그 정부는 집 없는 사람들에게 새로운 집들을 제공할 것인가? (the government, provide, homeless people, with)

_____

4 그는 오늘 그 전통시장에서 많은 생선을 팔 것인가? (a lot of fish, at the traditional market)

_____

5 그 테니스 선수는 다시는 경기 중에 그의 라켓을 던지지 않을 것이다. (throw, racket, during)

_____

6 너는 Billy와 결혼할 예정이니? (marry)

_____

7 그들은 집으로 옛 친구들을 초대할 예정이다. (invite, old friends)

_____

8 너는 내일 떠날 예정이니? (leave)

_____

9 그는 아버지의 회사를 경영할 예정이니? (run, his father's company)

_____

10 한 유명한 가수가 내일 잠실 야구장(Jamsil Ballpark)에서 시구를 할 예정이다. (throw the first pitch)

_____

New Words

enter ~에 들어가다 | military 군대 | retire 은퇴하다 | final exam 기말고사 | remain 남다, 계속 ~이다 | package 소포 | government 정부 | provide A with B A에게 B를 제공하다 | homeless 집 없는 | traditional market 전통시장 | invite 초대하다 | run 운영하다, 경영하다 | company 회사 | ballpark 야구장 | throw the first pitch 시구를 하다

Review Test

(1~10) 다음 빈칸에 들어갈 알맞은 단어를 적으세요.

1 너는 이번 겨울에 그녀에게 장갑 한 켤레를 사 줄 예정이니?

　　　　　　 you 　　　　　　 　　　　　　 buy her a pair of gloves this winter?

2 내가 어렸을 때 나는 Steve 삼촌에 대해 많이 알지 못했다.

I 　　　　　　 　　　　　　 much about my uncle Steve when I 　　　　　　 young.

3 너는 과학 선생님께 그 책을 사 드릴 거니?

　　　　　　 you 　　　　　　 your science teacher the book?

4 그들은 서로 싸우는 것을 멈추지 않았니?

　　　　　　 they 　　　　　　 fighting each other?

5 너희는 작년에 부산에 있지 않았니?

　　　　　　 you in Busan 　　　　　　 year?

6 많은 학생들이 어제 숙제를 하지 않았다.

Many students 　　　　　　 　　　　　　 their homework 　　　　　　.

7 그들은 지난 겨울방학에 스키를 타러 가지 않았다.

They 　　　　　　 　　　　　　 skiing 　　　　　　 winter vacation.

8 나는 나의 생일 파티에 Terry를 초대하지 않을 것이다.

I 　　　　　　 　　　　　　 Terry to my birthday party.

9 그는 곧 새 카메라를 살 예정이다.

He 　　　　　　 　　　　　　 　　　　　　 a new camera soon.

10 그 축구팀은 다음 시즌에 어떤 새로운 선수들과도 계약하지 않을 예정이다.

The soccer team 　　　　　　 　　　　　　 sign any new players for the next season.

(11~20) 다음 괄호 안의 주어진 단어를 이용하여 문장을 완성하세요.

11 그 사장은 그들에게 중요한 역할들을 줄 것이다. (boss, important roles)

12 Ben은 그의 담임 선생님에게 이메일을 보냈다. (homeroom teacher)

13 그는 그의 열쇠를 잃어버리지 않았다.

14 그 선생님은 쉬운 질문들을 하지 않을 것이다.

15 사랑이 모든 잘못을 덮을 것이다. (every fault)

16 너는 오늘 아침에 아침 먹었니?

17 내 노트북 컴퓨터는 어제 오후에 작동하지 않았다. (work, laptop computer)

18 나는 내일 그 경주에서 우승할 것이다. (win the race)

19 그 의사는 그 나이 든 환자를 잘 돌봤다. (take good care of, patient)

20 Paul은 두 시간 전에 2층에 있지 않았니? (on the second floor)

Ready for Exams

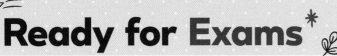

What's your score? O   개 X   개

[01~02] 다음 우리말과 같은 뜻이 되도록 주어진 단어를 바르게 배열하시오.

01

그는 어제 그 콘서트에서 신났었니?
(excited, at the concert, he, yesterday, was)

→ _____

_____

02

그녀는 지난 주 토요일에 비행기 표를 사지 않았다.
(she, last Saturday, a, plane ticket, buy, didn't)

→ _____

_____

[03~04] 다음 괄호 안에 주어진 단어와 조건을 활용하여 밑줄 친 우리말을 바르게 영작하시오.

03

그 교수들은 새로운 프로젝트를 계획했다.
(professors, new, a, project, plan)

조건 1 필요시 형태를 변화시킬 것.
조건 2 6단어로 쓸 것.

→ _____

_____

04

그들은 내년에 미국으로 이사할 것이다.
(next year, to, America, move)

조건 1 미래형 will을 사용할 것.
조건 2 7단어로 쓸 것.

→ _____

_____

05 다음 대화에서 밑줄 친 우리말을 주어진 단어를 활용하○ 바르게 영작하시오.

M : What is your plan tomorrow?
W : 나는 박물관을 방문할 예정이야. (visit, museum)

→ _____

06 다음 중 어법상 틀린 문장을 모두 찾아 그 기호를 쓰고, 바르게 고쳐 문장을 다시 쓰시오.

ⓐ I won't make a mistake again.
ⓑ Does he going to wash his car?
ⓒ We was very young at that time.
ⓓ Didn't they check the list?
ⓔ He carried a lot of boxes.

(1) (   )

→ _____

_____

(2) (   )

→ _____

_____

(3) (   )

→ _____

Chapter

3

의문사

UNIT 09 be동사의 의문사 있는 의문문

A **의문사(7W) : 육하원칙 + 1**

when 언제 / who 누구 / where 어디 / what 무엇 / how 어떻게 / why 왜 / which 어떤 (것)

B **현재형**

1 의문사 + am, are, is + 주어 ~?

Why **is** he upset? 그는 왜 화가 났니?　　Where **are** you? 너는 어디에 있니?

2 Who / What + is ~? 📌 who와 what은 주어로 쓰일 수 있다.

Who **is** in the room? 누가 그 방 안에 있니?

C **과거형**

1 의문사 + was, were + 주어 ~?

Where **were** you yesterday? 너는 어제 어디에 있었니?

2 Who / What was, were + 전치사구 ~?

What **was** on the branch? 나뭇가지 위에 무엇이 있었니?

📌 과거 부정형 : Who wasn't ~? **ex** **Who wasn't** there? 거기에 누가 없었니?

D **미래형**

의문사 + will + 주어 + be ~? = 의문사 + am, are, is + 주어 + going to be ~?	Where **will** you **be**? 너는 어디에 있을 거니? = Where **are** you **going to be**?
Who / What + will be ~? = Who / What + am, are, is + going to be ~?	**Who will be** his mentor? 누가 그의 멘토가 될 거니? = **Who is going to be** his mentor?

Simple Test　**다음 빈칸에 들어갈 알맞은 단어를 적으세요.**

1 너의 고향은 어디니? → ＿＿＿＿＿ ＿＿＿＿＿ your hometown?

2 이 연장들은 무엇이니? → ＿＿＿＿＿ ＿＿＿＿＿ these tools?

3 너의 조부모님들은 어떠시니? → ＿＿＿＿＿ ＿＿＿＿＿ your grandparents?

4 그녀의 아기의 두 번째 생일이 언제였니?

→ ＿＿＿＿＿ ＿＿＿＿＿ her baby's second birthday?

5 누가 그녀의 룸메이트가 될 거니?

→ ＿＿＿＿＿ will ＿＿＿＿＿ her roommate?

Practice Test

What's your score? O   개   X   개

다음 괄호 안의 주어진 단어를 이용하여 문장을 완성하세요.

1. 시험일이 언제니? (the test day)

_____

2. 그 영화는 어땠니?

_____

3. 너는 내년에 어디에 있을 거니? (next year)

_____

4. Jacob의 우물이 어디에 있었니? (Jacob's well)

_____

5. 왜 진수(Jinsu)가 어제 교실에서 혼자 있었니? (alone)

_____

6. 누가 너의 사업 파트너가 될 거니? (business partner)

_____

7. 그는 왜 내일 학교에 지각할 예정이니? (be going to, late)

_____

8. 어제 무대 위에 누가 있었니? (on the stage)

_____

9. 너의 보고서는 무엇에 대한 것이었니? (report)

_____

10. 그 책의 주요 등장인물들은 누구였니? (the main characters)

_____

Actual Test

What's your score? O   개 X   개

다음 괄호 안의 주어진 단어를 이용하여 문장을 완성하세요.

1 이 두 개 중에 어떤 것이 너의 팀 유니폼이 될 예정이니? (team uniform, which of these two)

_____

2 너는 왜 그 여자에게 친절하지 않니? (kind)

_____

3 너의 생일 선물은 무엇이었니? (birthday present)

_____

4 어제 부산(Busan) 날씨는 어땠니?

_____

5 누가 이 콘서트의 마지막 가수가 될 것인가? (the last singer)

_____

6 그녀의 전시회는 언제였니? (exhibition)

_____

7 그의 휴가는 언제니? (vacation)

_____

8 그 지원자의 건강 상태는 어땠니? (applicant, physical condition)

_____

9 왜 그들은 그렇게 화가 났었니? (so)

_____

10 지금 부엌에 누가 있니?

_____

New Words

upset 속상한, 화가 난 | branch 나뭇가지 | hometown 고향 | tool 연장, 도구 | grandparents 조부모 | vase 꽃병 | well 우물 |
alone 혼자 | business 사업 | stage 무대 | report 보고서, 보고 | main 주된, 중요한 | character 등장인물, 성격 | kind 친절한 |
weather 날씨 | exhibition 전시회 | vacation 휴가, 방학 | applicant 지원자 | physical condition 건강 상태

UNIT 10 일반동사의 의문사 있는 의문문

A 현재형

1 의문사 + do + 주어 + 동사원형 ~? (1, 2인칭 및 3인칭 복수가 주어일 경우)

What **do** you **like** to eat? 너는 무엇을 먹는 것을 좋아하니?

2 의문사 + does + 주어 + 동사원형 ~? (3인칭 단수 주어)

Where **does** your cousin **live**? 너의 사촌은 어디에 사니?

3 부정형 : 의문사 + don't [doesn't] + 주어 + 동사원형 ~?

Why **don't** they **do** this work? 왜 그들이 이 일을 안 하니?

Who knows?
누가 알아?

B 과거형

1 의문사 + did + 주어 + 동사원형 ~?

What **did** he **do** last weekend? 그는 지난 주말에 무엇을 했니?

2 부정형 : 의문사 + didn't + 주어 + 동사원형 ~?

Why **didn't** you **brush** your teeth? 너는 왜 양치질을 하지 않았니?

Who, What은
주어로도 쓸 수 있음!

C 미래형

1 의문사 + will + 주어 + 동사원형 ~?

What **will** you **do** tomorrow? 너는 내일 뭐 할 거니?

2 의문사 + am, are, is + 주어 + going to + 동사원형 ~?

Where **are** they **going to** stay in New York? 그들은 뉴욕 어디에서 머물 예정이니?

📌 which, what은 명사를 수식할 수 있다.

ex **Which book** is your favorite? 어떤 책이 네가 가장 좋아하는 책이니?

Simple Test

다음 빈칸에 들어갈 알맞은 단어를 적으세요.

1 너는 왜 콜라를 좋아하니? (현재) → _____ _____ you like Coke?

2 그는 어디에서 그 피자를 샀니? (과거)

→ _____ _____ he buy the pizza?

3 너는 언제 너의 차를 팔 거니? (미래)

→ _____ _____ you sell your car?

4 그는 왜 설거지 하기를 좋아하니? (현재)

→ _____ _____ he like to do the dishes?

Practice Test

What's your score? O 개 X 개

다음 괄호 안의 주어진 단어를 이용하여 문장을 완성하세요.

1 서울(Seoul)에서 부산(Busan)까지 기차로 얼마나 걸리니? (take, it, how long, by train)

_____

2 그녀가 언제 그녀의 고향을 떠났니? (leave, hometown)

_____

3 이 아기가 두 시간 전에 무엇을 먹었니? (this baby, two hours ago)

_____

4 너는 내일 어디로 갈 거니? (be going to)

_____

5 그녀는 얼마나 자주 이 미용실에 들르니? (this beauty salon, how often, stop by)

_____

6 너는 여름과 겨울 중에 어느 것이 더 좋니? (which, or, better)

_____

7 그는 얼마나 여러 번 그녀에게 전화했니? (how many times, call her)

_____

8 그들은 어떻게 그 문제를 풀었니? (solve, problem)

_____

9 그 도둑은 언제 그의 차를 훔쳤니? (steal, thief)

_____

10 너희들은 어떤 사무실을 사용할 예정이니? (which office)

_____

What's your score? O   개 X   개

다음 괄호 안의 주어진 단어를 이용하여 문장을 완성하세요.

1 누가 그 고양이의 목에 방울을 달 거니? (around the cat's neck, hang a bell)

_____

2 너는 언제 너의 프로젝트를 마칠 거니? (project, finish)

_____

3 너는 언제 그 소설을 읽었니? (the novel)

_____

4 그 이야기 속에서 Jolly는 어디에 살았니? (in the story)

_____

5 왜 그녀는 교장 선생님에게 직접 말하니? (directly, talk to the principal)

_____

6 너는 쉬는 시간 동안 무엇을 하기를 좋아하니? (to do, during recess)

_____

7 너는 왜 매일 아이스크림을 먹니?

_____

8 왜 그는 숲속에서 혼자 사니? (forest)

_____

9 그가 언제 너의 보고서를 검토했니? (report, review)

_____

10 너는 왜 날씨를 확인하지 않았니? (check, the weather)

_____

New Words

cousin 사촌 | brush one's teeth 양치질을 하다 | do the dishes 설거지를 하다 | hometown 고향 | beauty salon 미용실 |
often 자주, 종종 | stop by 들르다 | hang 걸다 | project 프로젝트, 과제 | novel 소설 | principal 교장 선생님 | directly 직접 |
during ~동안에 | recess 휴식, 쉬는 시간 | alone 혼자 | forest 숲 | review 검토하다 | check 확인하다, 점검하다

Review Test

(1~10) 다음 빈칸에 들어갈 알맞은 단어를 적으세요.

1 그는 언제 그 도시로 이사했니?

                he   to the city?

2 너는 언제 그녀와 결혼할 거니?

               you marry her?

3 어떻게 그 오래된 컴퓨터가 작동했니? (run)

            the old computer   ?

4 그가 어느 것을 우리의 유니폼으로 선택했니? (one, choose)

                   he   for our uniform?

5 Jin은 왜 학교에 걸어서 가니?

                Jin   to school on foot?

6 그때에 너의 카메라가 어디에 있었니?

               your camera at that time?

7 너는 왜 겨울에 바닷가에 가는 것을 좋아하니?

                you   to go to the beach in winter?

8 그의 학교는 그의 집에서 얼마나 멀리 있니? (far)

               his school from his house?

9 너는 내일 무엇을 할 거니?

            you   tomorrow?

10 서울에서 파리까지 비행기로 얼마나 오래 걸리니? (take)

                  it   from Seoul to Paris by plane?

11~20) 다음 괄호 안의 주어진 단어를 이용하여 문장을 완성하세요.

1 그는 언제 급여를 받니? (his salary)

2 그들은 언제 그 가게를 여니?

3 왜 그녀는 서울(Seoul)로 이사했니? (move to)

4 왜 그 소년은 비행기 조종사가 되는 것을 포기했니? (give up being a pilot)

5 그는 자유 시간에 주로 무엇을 하니? (usually, in his free time)

6 왜 그들은 열 명의 방문객을 기다려야 하니? (wait for, visitors, have to)

7 너는 왜 너의 교과서를 가지고 오지 않았니? (textbook, bring)

8 그는 언제 미국에서 돌아올 예정이니? (from)

9 언제 비가 올 것인가? (it)

10 John은 언제 일본어 배우기를 시작할 예정이니? (start to learn, Japanese)

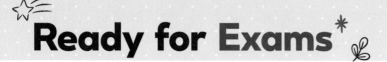

Ready for Exams

What's your score? O 개 X 개

[01~02] 다음 우리말과 같은 뜻이 되도록 주어진 단어를 바르게 배열하여 영작하시오.

01

그들은 어제 왜 그 사무실에 있었니?

(in the office, were, why, they, yesterday)

→ _____

_____

02

그 마법사는 어떻게 그 성에서 도망쳤니? (run away from, the wizard, did, the castle, how)

→ _____

_____

[03~04] 다음 괄호 안에 주어진 단어와 조건을 활용하여 밑줄 친 우리말을 바르게 영작하시오.

03

그녀는 매일 아침 몇 시에 일어나니?

(what, get up, time, every morning)

조건 8단어로 쓸 것.

→ _____

_____

04

너의 사촌은 이번 주말에 어디에서 공부할 예정이니?

(cousin, where, going, this, study, weekend)

조건 9단어로 쓸 것.

→ _____

_____

05 다음 주어진 우리말에 맞게 빈칸에 들어갈 알맞은 말을 쓰시오.

W : _____ _____ this machine?

누가 이 기계를 만들었니?

M : Dr. Robert made it.

→ _____

06 다음 중 어법상 **틀린** 문장을 모두 찾아 그 기호를 쓰고 바르게 고쳐 문장을 다시 쓰시오.

ⓐ How tall is the trees?

ⓑ Which do you like better?

ⓒ Where he stayed last night?

ⓓ When will you going to go there?

ⓔ Who do you like among these men?

(1) ( )

→ _____

(2) ( )

→ _____

(3) ( )

→ _____

Chapter

4

명사, 대명사, 관사

UNIT 11 명사

A 셀 수 있는 명사

1 보통명사 : 사람, 사물, 동물을 가리키는 명사이며, 단수와 복수로 구분된다.

단수 : **a** boy, **a** desk, **an** ant / 복수 : flower**s**, chair**s**, elephant**s**

2 집합명사 : 사람이나 사물의 집합체를 하나의 개체로 나타내는 명사이며, 단수 취급한다.

My **family is** very large. 나의 가족은 대가족이다. ▌ **단수 취급**

3 군집명사 : 집합명사로도 쓰이나 각각의 구성원을 강조하여 복수로 취급한다.

My **family are** all very kind. 나의 가족 구성원 모두 매우 친절하다. ▌ **복수 취급**

B 셀 수 없는 명사

1 고유명사 : 지명, 인명, 특정한 사람을 나타내는 명사 **ex** Seoul, Mt. Everest, Korea

📌 예외적으로 고유명사 앞에 a(n)을 붙이면 '~와 같은 사람'으로 해석한다.

ex I want to be an Edison. 나는 에디슨과 같은 사람이 되고 싶다.

2 추상명사 : 형태가 없이 추상적인 개념의 명사 **ex** love, happiness, dream

3 물질명사 : 자르거나 어디에 담아야 모양이 갖추어지는 물질의 이름을 나타내는 명사 **ex** water, tea

📌 단, 셀 수 없는 물질명사는 「수사 + 단위명사 + of + 물질명사」로 표현하면 수량을 표시할 수 있다.

ex a cup of coffee, two glasses of juice, four pieces of cake, a sheet of paper

C 명사의 복수형

1 규칙 변화

명사 + -s	**ex** bag**s**	명사 + -ies	**ex** cit**ies**
명사 + -es	**ex** bench**es**	명사 + -ves	**ex** lea**ves**

2 불규칙 변화 : 불규칙 변화는 암기해야 한다.

man → **men**	mouse → **mice**	tooth → **teeth**
foot → **feet**	child → **children**	fish → **fish**

Ten cups of coffee!

Simple Test

다음 빈칸에 들어갈 알맞은 단어를 적으세요.

1 나는 큰 고양이를 가지고 있다. (big) → I have ＿＿＿＿＿ ＿＿＿＿＿

2 그녀는 하루에 두 잔의 커피를 마신다. (cup)

→ She drinks ＿＿＿＿＿ ＿＿＿＿＿ ＿＿＿＿＿ coffee a day.

3 세 명의 남자가 숲속에서 두 마리의 늑대를 보았다.

→ Three ＿＿＿＿＿ saw two ＿＿＿＿＿ in the forest.

4 나의 꿈은 과학자가 되는 것이다. → My ＿＿＿＿＿ ＿＿＿＿＿ to be a scientist

Practice Test

정답 p.09

What's your score? O 개 X 개

다음 괄호 안의 주어진 단어를 이용하여 문장을 완성하세요.

1 그 아기는 오늘 두 병의 우유를 마셨다. (bottle, of, drink)

_____

2 그는 아침 식사로 빵과 우유를 먹는다. (have, for breakfast)

_____

3 나의 삶에서 가장 중요한 것은 사랑이다. (in my life, the most important thing)

_____

4 나는 5분 전에 이곳에서 많은 사슴들을 봤다. (a lot of)

_____

5 그 아이들은 다음 주에 놀이공원에 갈 것이다. (child, the amusement park)

_____

6 보스턴(Boston)은 내가 가장 좋아하는 도시이다. (favorite)

_____

7 그 신사들은 그 숙녀들에게 약간의 선물들을 주었다. (some presents)

_____

8 그들은 그 고기를 자르기 위해 많은 칼들을 가지고 왔다. (bring, to cut the meat)

_____

9 그 공원에는 여덟 개의 벤치가 있다. (there are)

_____

10 그 남자들은 한 작은 교회를 위해 피아노 두 대를 샀다. (buy, for a small church)

_____

Actual Test ✩✩

What's your score? O   개 X   개

다음 괄호 안의 주어진 단어를 이용하여 문장을 완성하세요.

1   우리 팀은 지난주에 그 경기를 이겼다.

_____

2   그 목장에는 많은 양과 사슴들이 있다. (there are, on the ranch)

_____

3   우리를 위해 몇 장의 사진들을 찍어줄래? (take, some, photo, will you)

_____

4   사랑은 많은 실수들을 덮는다. (cover, mistake)

_____

5   저것들은 두 켤레의 새 신발이다. (those, pairs, shoe)

_____

6   나는 어제 수족관에서 많은 물고기들을 보았다. (aquarium)

_____

7   그의 꿈은 음악가가 되는 것이다. (to be, musician)

_____

8   빵 세 덩어리를 우리에게 주십시오. (loaves, please)

_____

9   그는 어제 세 잔의 커피를 마셨다. (drink)

_____

10   오늘 아침에 안개가 도시 전체를 덮었다. (the whole city, cover, mist)

_____

New Words

happiness 행복 | sheet 한 장 | scientist 과학자 | bottle 병 | favorite 매우 좋아하는 | brought bring (가지고 오다)의 과거, 과거분사 | meat 고기 | bought buy (사다)의 과거, 과거분사 | win 이기다 | sheep 양 | ranch 목장 | cover 덮다, 가리다 | pair 켤레, 짝 | aquarium 수족관 | loaf (pl. loaves) 한 덩이 | mist (엷은) 안개 | whole 전체의, 모든 | this morning 오늘 아침

UNIT L2 대명사

A 인칭대명사

지칭하는 대상에 따라 1인칭, 2인칭, 3인칭으로 나뉘고 주격, 소유격, 목적격이 있다.

I am a student. 나는 학생이다. (주격)   She loves **them**. 그녀는 그들을 사랑한다. (목적격)

Our cousin is a soccer player. 우리의 사촌은 축구 선수이다. (소유격)

B 지시대명사

단수	this (이것, 이 사람) / that (저것, 저 사람) / it (그것)
복수	these (이것들, 이 사람들) / those (저것들, 저 사람들) / they (그것들, 그들)

One is big. The other is small.

C 재귀대명사 : ~자신, 스스로

myself, yourself, himself, herself, itself / ourselves, yourselves, themselves

D 부정대명사

1 one : 정해지지 않은 막연한 하나에 쓰인다. 🏴 복수형 : ones

I lost my pen. I need a new **one**. 나는 내 펜을 잃어버렸다. 새것이 하나 필요하다.

2 it : 특정하게 정해진 것이나 한 번 언급한 동일한 것을 말할 때 쓰인다. 🏴 복수형 : them

I lost my cell phone, but my mother found **it**. 나는 내 휴대폰을 잃어버렸지만, 엄마가 (잃어버린) 그것을 찾았다.

3 One ~, the other … : 두 개 중에서 하나와 나머지 다른 하나를 가리킨다.

I have two cats. **One** is big, and **the other** is small. 나는 두 마리의 고양이가 있다. 하나는 크고, 다른 하나는 작다.

4 Some ~, others … : 일부는 ~, 다른 일부는 … 🏴 불특정 다수일 경우에 쓴다.

Some people say coffee is good for health, but **others** say it is not.
어떤 사람들은 커피가 건강에 좋다고 하지만 다른 사람들은 나쁘다고 한다.

📌 one ~, the others … : 하나는 ~, 나머지 전부는 … / some ~, the others… : 일부는 ~, 나머지 전부는 …으로 해석한다.

Simple Test 다음 빈칸에 들어갈 알맞은 단어를 적으세요.

1 그것을 나에게 줘. → Give _____ to _____.

2 그녀는 거울로 그녀 자신을 봤다. → She saw _____ in the mirror.

3 그는 새 의자를 가지고 있다. 나도 그의 것과 같은 것이 하나 필요하다.

→ He has a new chair. I need _____ like his.

4 그는 두 대의 차를 가지고 있다. 하나는 하얀색이고 다른 하나는 검은색이다.

→ He has two cars. _____ is white, and the _____ is black.

Practice Test

What's your score?   O   개   X   개

다음 괄호 안의 주어진 단어를 이용하여 문장을 완성하세요.

1 이것은 그녀의 것이 아니고 그들의 것이다. (not, but)

_____

2 이것들은 너희의 가방들이니? (these)

_____

3 그 의사는 두 명의 아들이 있다. 한 명은 키가 크고, 다른 한 명은 키가 작다.

_____

4 그는 혼자 그 큰 사무실을 청소했다. (the big office, clean up, by oneself)

_____

5 저것들은 나의 애완동물들이고, 이것들은 Sam의 애완동물들이다. (pet)

_____

6 어떤 사람들은 여름을 좋아하고, 다른 사람들은 겨울을 좋아한다.

_____

7 나는 새 자전거를 샀다. 내 남동생도 그것을 좋아한다. (buy, also)

_____

8 슬픔은 저절로 지나간다. (sorrow, pass by, of itself)

_____

9 아빠가 나에게 새 인형들을 사 주셨다. 나는 그것들을 매우 좋아한다. (buy, new, doll, very much)

_____

10 하늘은 스스로 돕는 자를 돕는다. (heaven, those who help)

_____

Actual Test

What's your score? O   개   X   개

다음 괄호 안의 주어진 단어를 이용하여 문장을 완성하세요.

1 어떤 사람들은 노래를 잘 부르고, 다른 사람들은 노래를 못 부른다. (be good at, singing, be poor at)

_____

2 이 두 개 중, 하나는 너의 것이고, 나머지 하나는 나의 것이다. (between these two)

_____

3 나는 휴대폰을 가지고 오는 것을 잊어버렸어. 가서 가지고 올게. (cell phone, forget to bring, and)

_____

4 그녀는 파티에서 언제나 즐거운 시간을 보낸다. (enjoy oneself, at parties)

_____

5 아무도 그 오래된 빵을 먹지 않았다. (no one)

_____

6 이것은 그녀의 것이고, 저것은 그의 것이다.

_____

7 나는 개 두 마리가 있다. 매일 아침, 나는 그들을 산책시킨다. (take ~ for a walk)

_____

8 사람들은 매일 거울로 자신들을 본다. (in the mirror)

_____

9 거실에 탁자가 두 개 있다. 하나는 둥글고, 다른 하나는 직사각형이다. (there, rectangular)

_____

10 아무도 저 신발들을 가지고 가지 않았다. (no one, take)

_____

New Words

mirror 거울 | not A but B A가 아니라 B다 | clean up 청소하다 | by oneself 혼자 | pet 애완동물 | sorrow 슬픔 | pass by 지나가다 | of itself 저절로 | heaven 천국, 하늘 | those who ~인 사람들 | be good at ~을 잘하다 | be poor at ~을 못하다 | between (둘 사이) ~가운데, ~중에 | enjoy oneself 즐거운 시간을 보내다 | round 둥근 | rectangular 직사각형의

UNIT 13 비인칭주어, 관사

A 비인칭주어 it

날씨, 날짜, 계절, 시간, 요일, 거리, 걸리는 시간 등을 나타낼 때
비인칭주어 it을 쓰며, 이때 it은 해석하지 않는다.

It's (= It is) Sunday. 일요일이다.　　　　**It**'s (= It is) 10 o'clock. 10시야.

What time is **it** now? 지금 몇 시니?

It takes seven days. 7일 걸린다. 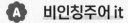 '시간이 걸리다'는 take를 쓴다!

It takes two hours.

B 관사

1 부정관사 a, an : 정해지지 않은 관사를 말하며, 셀 수 있는 명사의 단수형 앞에 쓰인다.

He has **a** good computer. 그는 좋은 컴퓨터를 가지고 있다.

2 정관사 the : 정관사 the를 붙이는 경우는 다음과 같다.

앞에 나온 명사를 반복할 때	I have a cat. **The** cat is very fat. 나는 고양이가 있다. 그 고양이는 매우 뚱뚱하다.
악기 이름 앞에	She plays **the** piano very well. 그녀는 피아노를 매우 잘 친다.
서수 앞에	January is **the** first month of the year. 1월은 그 해의 첫 달이다.
최상급 앞에	He is **the** most handsome guy in Korea. 그는 한국에서 가장 잘생긴 소년이다.
세상에서 유일한 것을 나타낼 때 📌 the sun, the sky, the sea, the moon 등	Look at **the** sky. **The** moon is very beautiful. 하늘을 봐. 달이 정말 아름답다.
서로 알고 있는 것을 가리킬 때	Pass me **the** salt. 소금 좀 줘.
수식어구로 한정될 때	**The** desk in this room is very pretty. 방에 있는 책상은 매우 예쁘다.

3 관사 없이 쓰이는 명사 : 물질명사(coffee 등), 추상명사(love 등), 운동 경기, 식사, 질병 이름, by + 교통수단

Simple Test

다음 빈칸에 들어갈 알맞은 단어를 적으세요.

1 나는 그녀를 위해 기타를 연주했다. → I played _____ guitar for her.

2 벌써 여름이다. → _____ is already summer.

3 오늘은 달이 매우 밝다. → _____ moon is very bright today.

4 그는 한 시간 동안 달렸다. → He ran for _____ hour.

Practice Test

What's your score? O ___ 개   X ___ 개

다음 괄호 안의 주어진 단어를 이용하여 문장을 완성하세요.

1 저 언덕 위의 나무는 아주 오래되었다. (on that hill, old)

_____

2 나는 매일 버스로 학교에 간다. (by)

_____

3 분당(Bundang)에서 일산(Ilsan)까지 차로 가는 데 한 시간이 넘게 걸린다. (to go, over an hour, take)

_____

4 나는 3층에 산다. (on, floor)

_____

5 내일은 날씨가 맑을 것이다. (will, sunny)

_____

6 세계에서 가장 큰 도시는 뉴욕(New York)이다. (in the world)

_____

7 이 병 안에 든 물은 아주 차갑다. (in this bottle)

_____

8 한국에서 브라질(Brazil)까지는 매우 멀다. (far)

_____

9 태양은 뜨거웠고 바다는 넓었다. (hot, wide)

_____

10 이 기계를 고치는 데에 30분 정도 걸릴 것이다. (to fix this machine, about, minutes)

_____

Actual Test

What's your score? O 개 X 개

다음 괄호 안의 주어진 단어를 이용하여 문장을 완성하세요.

1 매일 밤 내 숙제를 끝내는 데 약 두 시간이 걸린다. (to finish, every night)

_____

2 여기서 시청까지 차로 얼마나 걸리나요? (City Hall, how long, take)

_____

3 그 공을 나에게 패스해. (pass)

_____

4 일요일이다. 공원에 가자. (Let's go)

_____

5 그것들을 포장하는 데는 시간이 오래 걸린다. (a long time, to pack)

_____

6 이 방은 매우 어둡다. (dark)

_____

7 나는 새 자전거를 정말 사고 싶어. (really, bicycle)

_____

8 이 꽃병 안에 있는 꽃들은 매우 아름답다. (vase)

_____

9 사랑은 이 세상에서 가장 중요한 것이다. (thing)

_____

10 낮잠 잘 시간이다. (take a nap)

_____

New Words

conference 회의 | already 벌써, 이미 | bright 밝은 | hill 언덕 | take 시간이 걸리다 | floor 층 | bottle 병 | far 먼; 멀리 |
from A to B A에서 B로 | wide 넓은 | about 약, 대략 | fix 고치다 | machine 기계 | City Hall 시청 | park 공원 |
pack 포장하다, 싸다 | dark 어두운 | vase 꽃병 | thing 것, 물건 | take a nap 낮잠 자다

Review Test

1~10) 다음 빈칸에 들어갈 알맞은 단어를 적으세요.

1 탁자 위에 두 잔의 커피가 있다.

There are _____ _____ of _____ on the table.

2 내일은 비가 올 것이다.

_____ will _____ tomorrow.

3 이것은 세계에서 가장 높은 건물이다.

_____ is _____ highest _____ in the world.

4 그는 두 권의 책을 가지고 있다. 하나는 영어책이고 다른 하나는 만화책이다.

He has two books. _____ is an English book, and _____ _____ is a comic book.

5 나한테 종이 두 장을 줄 수 있니?

Can you give me _____ _____ _____ paper?

6 이것들은 그들의 것이니?

Are _____ _____ ?

7 이 산의 정상은 매우 덥다.

_____ very _____ at the top of _____ mountain.

8 어떤 사람들은 축구를 좋아하고, 다른 사람들은 야구를 좋아한다.

_____ people like soccer, and _____ like baseball.

9 이 사과들은 아주 맛있어. 저것들도 먹어봐.

_____ apples _____ very delicious. Try those _____ , too.

10 나는 지금부터 한 시간의 휴식 시간이 있다. 나는 기타 연주를 할 것이다.

I have _____ hour break from now. I will _____ _____ guitar.

(11~20) 다음 괄호 안의 주어진 단어를 이용하여 문장을 완성하세요.

11 이것들은 그가 가장 좋아하는 장난감들이고, 저것들은 그녀가 가장 좋아하는 인형들이다. (favorite)

12 저 바나나들은 신선하니?

13 그 문은 하루에 한 번 저절로 열린다. (once a day)

14 그 식당에서 가장 비싼 요리는 우리가 가장 좋아하는 것이다. (restaurant, expensive)

15 Katie는 생일에 새 양말 한 켤레를 받았다. (for her birthday)

16 성공은 게으른 사람들을 기다리지 않는다. (success, lazy)

17 그는 두 개의 열쇠를 가지고 있다. 하나는 사무실 열쇠이고, 다른 하나는 차 열쇠이다. (for)

18 그녀는 어제 비행기를 타고 캐나다로 떠났다. (leave for Canada)

19 우리는 우리 자신을 위해서 최선을 다해야 한다. (have to, do one's best)

20 어떤 이들은 치킨을 좋아하고 다른 이들은 피자를 좋아한다.

Ready for Exams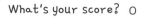

[01~02] 다음 우리말과 같은 뜻이 되도록 주어진 단어를 바르게 배열하여 영작하시오.

01

그는 오늘 아침에 한 잔의 우유를 마셨다.
(of, glass, drank, milk, he, this, a, morning)

→ _____

_____

02

자전거로 학교까지 5분 걸린다. (to, school, five, takes, minutes, bicycle, by, it)

→ _____

_____

[03~04] 다음 괄호 안에 주어진 단어와 조건을 활용하여 밑줄 친 우리말을 바르게 영작하시오.

03

그는 두 명의 아들이 있다. 한 명은 키가 크고, 다른 한 명은 똑똑하다. (son, tall, smart)

조건1 접속사 and를 사용할 것.
조건2 정관사 the를 사용할 것.

→ _____

_____

04

저 나무는 우리 마을에서 가장 오래되었다.
(that, old, tree, in my town)

조건1 최상급을 사용할 것.
조건2 8단어로 쓸 것.

→ _____

_____

05 다음 대화를 읽고 주어진 단어를 활용하여 밑줄 친 우리말을 바르게 영작하시오.

W : How was your weekend?
M : It was great!
W : How was the weather?
M : 하루 종일 화창하고 따뜻했어.
     (warm, sunny, it, all day)

→ _____

_____

06 다음 중 어법상 어색한 문장을 모두 찾아 그 기호를 쓰고, 바르게 고쳐 문장을 다시 쓰시오.

ⓐ He had many money at that time.
ⓑ They could survive by himself.
ⓒ I lost my pen. I have to buy a new it.
ⓓ He has to play the piano tomorrow.
ⓔ Look at the boy in the park.

(1) (_____)
→ _____

_____

(2) (_____)
→ _____

_____

(3) (_____)
→ _____

_____

Chapter
5
형용사, 부사, 비교급, 최상급

형용사와 부사

A 형용사의 쓰임

1 명사 수식 : 명사의 앞이나 뒤에서 명사를 꾸며준다.

Jack is a **brave** man. Jack은 용감한 남자다.

2 주격 보어 및 목적격 보어 : 주어나 목적어를 보충해 주는 보어 역할을 한다.

He is **kind**. 그는 친절하다. (주격 보어)

Her smile makes **me happy**. 그녀의 미소는 나를 행복하게 만든다. (목적격 보어)

3 -thing, -body, -one + 형용사

I need **something cold**. 나는 뭔가 차가운 게 필요하다.

4 the + 형용사 = 형용사 + people : ~한 사람들

B 수량형용사

셀 수 있음 (수)	many (많은), few (거의 없는), a few (조금 있는)
셀 수 없음 (양)	much (많은), little (거의 없는), a little (조금 있는)
둘 다 가능 (수, 양)	a lot of = lots of = plenty of (많은)

There are **few** people in the park. 공원에 사람들이 **거의 없다**.

C 부사

1 뜻 : ~하게 (주로 형용사 + ly) ex slowly 📌 형용사와 형태가 동일한 부사 ex early, late, hard, fast

2 부사의 쓰임 : 형용사, 부사, 동사를 수식한다.

3 빈도 부사의 종류와 위치

ex always (항상), usually (보통), often (자주, 종종), sometimes (가끔), hardly (거의 ~ 않는), never (절대 ~ 않는

· 일반동사의 앞 또는 조동사와 be동사의 뒤에 위치한다. 📌 앞 글자를 따서 일동앞, 조비디로 외워보자.

He **sometimes** goes fishing. 그는 가끔 낚시를 하러 간다.

Simple Test

다음 빈칸에 들어갈 알맞은 단어를 적으세요.

1 그는 어제 특별한 콘서트를 봤다. → He saw a _____ _____ yesterday.

2 뭔가 새로운 것이 있니? → Is there _____ _____ ?

3 네 컵 안에는 커피가 거의 없다. → There is _____ coffee in your cup.

4 그녀는 자주 그 헬스클럽에 간다. → She _____ _____ to the gym.

5 많은 사람이 그를 보기 위해 모였다.

  → _____ _____ _____ people got together to see him.

Practice Test

What's your score? O   개 X   개

ㅏ음 괄호 안의 주어진 단어를 이용하여 문장을 완성하세요.

그 공장에는 많은 초콜릿이 있었다. (chocolate, in the factory)

_____

그 쌍둥이들은 항상 아침에 늦게 일어난다. (the twins, in the morning)

_____

나는 가끔 나의 친구들과 축구를 한다. (play soccer)

_____

그녀는 무대 위에서 아름답게 미소 지었다. (on the stage, smile)

_____

몇몇 과학자들이 어제 새로운 실험을 했다. (scientists, do a new experiment)

_____

지금 학교에는 학생들이 거의 없다. (there are, at school)

_____

그녀는 절대 우유를 마시지 않는다.

_____

그 빵집에는 오늘 남은 빵이 거의 없다. (left, at the bakery, there is)

_____

David는 제시간에 여기에 도착하는 적이 거의 없다. (in time, hardly)

_____

0 바닷속에는 풍부한 플랑크톤이 있다. (there is, plankton, plenty of)

_____

Actual Test

What's your score? O   개 X   개

다음 괄호 안의 주어진 단어를 이용하여 문장을 완성하세요.

1 약간의 물이면 우리에게 충분하다. (enough, a little)

_____

2 그는 항상 식사 후에 콜라를 마신다. (Coke, after meals)

_____

3 그 박물관에는 새로운 것이 아무것도 없었다. (there was, at the museum, nothing)

_____

4 일찍 일어나는 새가 벌레를 잡는다. (the early bird, the worm)

_____

5 그 나무꾼은 그 나무를 내리칠 준비를 했다. (woodcutter, get ready to chop)

_____

6 너의 보고서에는 잘못된 것이 아무것도 없다. (wrong, nothing, there, with)

_____

7 그 배우는 새 드레스를 입어 아름다워 보였다. (actress, in her new dress)

_____

8 병 안에 우유가 거의 없다. (bottle)

_____

9 그녀는 보통 방과 후에 기타를 연주한다. (after school)

_____

10 나는 지갑에 돈이 거의 없다. (wallet)

_____

New Words

brave 용감한 | get together 모이다 | gym 체육관, 헬스클럽 | factory 공장 | twins 쌍둥이 | stage 무대 | scientist 과학자 |
experiment 실험; 실험하다 | left leave(남기다, 떠나다)의 과거, 과거분사 | bakery 빵집 | in time 제시간에 | plankton 플랑크톤 |
plenty of 많은, 풍부한 | meal 식사 | museum 박물관 | worm 벌레 | chop 내리치다, (장작 등을) 패다 | report 보고서 |
wrong 틀린, 잘못된 | actress 여배우 | bottle 병 | usually 보통, 대개 | after school 방과 후 | wallet 지갑

비교급과 최상급

A **비교급** : 형용사 + -er / more + 형용사 (더 ~한)

It is **bigger** than this. 그것은 이것보다 크다.

He is **more handsome** than his brother. 그는 그의 형보다 더 잘생겼다.

B **최상급** : the + 형용사 + -est / the + most + 형용사 (가장 ~한)

Becky is **the cutest** girl in her class.
Becky는 그녀의 반에서 가장 귀여운 소녀이다.

Bella is **the most diligent** student in her school.
Bella는 그녀의 학교에서 가장 부지런한 학생이다.

He is more handsome than I.

C **동등비교**

1 as + 형용사 원급 + as : ~만큼 …한

My uncle is **as tall as** my father. 나의 삼촌은 아버지만큼 키가 크다.

2 not as [so] + 형용사 원급 + as : ~만큼 …한 것은 아니다

She is **not so smart as** Jane. 그녀는 Jane만큼 똑똑하지는 않다. (= Jane is smarter than her.)

3 as + 형용사 [부사] + as possible = as + 형용사 [부사] + as + 주어 + can [could] : 가능한 한 ~하게

Run **as fast as possible**. = Run **as fast as you can**. 가능한 한 빨리 달려라.

Simple Test

다음 빈칸에 들어갈 알맞은 단어를 적으세요.

1 내 남동생의 발은 내 발보다 더 크다.
→ My younger brother's feet _____ _____ than mine.

2 서울은 대한민국에서 가장 바쁜 도시이다.
→ Seoul is _____ _____ city in Korea.

3 그 고양이는 나의 개만큼 크다.
→ The cat is _____ _____ _____ my dog.

4 그녀는 영은이만큼 빠르지는 않다.
→ She is _____ _____ fast _____ Yeongeun.

5 그는 가능한 한 많은 상자를 옮겼다.
→ He carried _____ many boxes _____ _____.

Practice Test

What's your score? O   개 X   개

다음 괄호 안의 주어진 단어를 이용하여 문장을 완성하세요.

1 예진(Yejin)은 그녀의 학교에서 가장 예쁜 학생이다. (pretty, in her school)

_____

2 종우(Jongu)는 우리 반에서 가장 믿음직한 소년이다. (reliable, in my class)

_____

3 준영(Junyeong)은 스티브 잡스(Steve Jobs)만큼 창의적이다. (creative)

_____

4 유진(Yujin)은 그녀의 도시에서 가장 친절한 학생이다. (kind, in her city)

_____

5 소희(Sohui)는 세상에서 가장 사랑받는 소녀이다. (most beloved, in the world)

_____

6 유리(Yuri)는 그녀의 학교에서 가장 똑똑한 학생이다. (smart)

_____

7 수빈(Subin)은 세상에서 가장 행복한 소녀이다.

_____

8 재훈(Jaehun)은 그의 학교에서 어느 누구보다 더 인기가 있다. (popular, anyone)

_____

9 태환(Taehwan)은 그의 도시에서 가장 멋진 소년이다. (cool)

_____

10 그들은 그 판사만큼 공정하지는 않다. (the judge, fair)

_____

Actual Test ★☆

What's your score? O   개 X   개

다음 괄호 안의 주어진 단어를 이용하여 문장을 완성하세요.

1 우진(Ujin)은 가능한 한 열심히 공부해서 과학자가 되었다. (possible, so, scientist)

_____

2 그의 목소리는 Tom의 목소리만큼 좋은 것은 아니다. (voice)

_____

3 그 새우는 핫도그만큼 컸다. (shrimp)

_____

4 그는 가능한 한 빨리 그의 숙제를 끝냈다. (fast, as)

_____

5 제주도(Jeju Island)는 세계에서 가장 아름다운 섬이다. (island, beautiful)

_____

6 창균(Changgyun)은 미래에 가장 위대한 피아니스트가 될 것이다. (will, in the future)

_____

7 진영(Jinyeong)은 그의 학교에서 가장 잘생긴 소년이다. (good-looking)

_____

8 민재(Minjae)는 가능한 한 열심히 그 오디션을 위해 준비했다. (possible, prepare for, audition)

_____

9 그의 그림은 그녀의 것만큼 아름다운 것은 아니다. (painting, not so)

_____

10 Daniel은 Andrew보다 힘이 더 세다. (strong)

_____

New Words

diligent 부지런한 ｜ possible 가능한 ｜ foot (*pl. feet*) 발 ｜ carry 운반하다. 옮기다 ｜ reliable 믿음직한, 믿을 만한 ｜ creative 창의적인 ｜
beloved 사랑받는 ｜ smart 똑똑한 ｜ popular 인기 있는 ｜ cool 멋진, 시원한 ｜ fair 공정한 ｜ voice 목소리 ｜ shrimp 새우 ｜ island 섬
｜ pianist 피아니스트 ｜ in the future 미래에 ｜ prepare for ~을 준비하다 ｜ audition 오디션 ｜

Review Test

(1~10) 다음 빈칸에 들어갈 알맞은 단어를 적으세요.

1 엄마는 그 강아지를 부드럽게 쓰다듬었다. (pat)

Mom ＿＿＿＿＿＿ the puppy ＿＿＿＿＿＿ .

2 그 타조는 치타만큼 빨랐다. (ostrich, cheetah)

The ＿＿＿＿＿＿ was ＿＿＿＿＿＿ ＿＿＿＿＿＿ ＿＿＿＿＿＿ a ＿＿＿＿＿＿ .

3 이것은 세계에서 가장 오래된 성이다. (castle)

This is ＿＿＿＿＿＿ ＿＿＿＿＿＿ ＿＿＿＿＿＿ in the world.

4 더워. 나에게 뭔가 시원한 것을 줘.

＿＿＿＿＿＿ hot. Give me ＿＿＿＿＿＿ ＿＿＿＿＿＿ .

5 어제 많은 비가 내렸다.

＿＿＿＿＿ ＿＿＿＿＿ ＿＿＿＿＿ rain fell yesterday.

6 지금 극장 안에는 사람들이 거의 없다. (theater)

There ＿＿＿＿＿ ＿＿＿＿＿ people ＿＿＿＿＿ ＿＿＿＿＿ ＿＿＿＿＿ now.

7 내일은 그 웹사이트에 주어진 50% 할인 쿠폰이 거의 없을 것이다. (coupons)

There will be ＿＿＿＿＿ half-off ＿＿＿＿＿ given out on the website tomorrow.

8 우리는 일요일마다 항상 교회에 간다.

We ＿＿＿＿＿ ＿＿＿＿＿ ＿＿＿＿＿ ＿＿＿＿＿ on Sundays.

9 그는 가능한 한 빨리 그 밀림을 떠나고 싶었다.

He wanted to leave the jungle ＿＿＿＿＿ soon ＿＿＿＿＿ ＿＿＿＿＿ .

10 그 책이 그 영화만큼 지루한 것은 아니다.

The book is ＿＿＿＿＿ ＿＿＿＿＿ boring ＿＿＿＿＿ the movie.

11~20) 다음 괄호 안의 주어진 단어를 이용하여 문장을 완성하세요.

11 그 군인들은 풍부한 식량을 가지고 있지 않았다. (soldiers, plenty of, food)

12 세종대왕(King Sejong)은 대한민국 역사에서 가장 훌륭한 왕이었다. (in Korean history, wonderful)

13 나의 자전거는 너의 것보다 더 좋다. (nice, than, yours)

14 그들은 자주 그들의 조부모님을 방문한다. (grandparents, often)

15 이 방 안에는 이제 공기가 거의 없다. (air)

16 그는 항상 겸손하다. (humble)

17 그는 정현(Jeonghyun)보다 테니스를 더 잘 친다. (play tennis, than)

18 그는 수업 시간에 항상 틀리게 대답한다. (give wrong answers, in class)

19 강한 사람들은 약한 사람들을 도와줘야 한다. (the strong, the weak, should)

20 그 벼룩은 가능한 한 높이 점프했다. (flea, high, possible)

Ready for Exams

[01~02] **다음 우리말과 같은 뜻이 되도록 주어진 단어를 바르게 배열하여 영작하시오.**

01

> Luke는 컴퓨터만큼 똑똑하다.
> (computer, Luke, as, a, is, smart, as)

→ _____

_____

02

> 그의 가방 안에는 책이 거의 없다.
> (his, bag, in, are, books, few, there)

→ _____

_____

[03~04] **다음 괄호 안에 주어진 단어와 조건을 활용하여 밑줄 친 우리말을 바르게 영작하시오.**

03

> 그들은 가능한 한 천천히 걸었다. (walk, slowly)

조건1 possible을 사용할 것.
조건2 동등비교 as를 사용할 것.

→ _____

_____

04

> 내 친구 민서(Minseo)는 우리 학교에서 가장 키가 큰 소년이다. (tall, is, my, school, boy)

조건1 최상급을 사용할 것.
조건2 10단어로 쓸 것.

→ _____

_____

05 **다음 대화를 읽고 밑줄 친 우리말을 바르게 영작하시오.**

> W : Wow! You got a new smartphone!
> M : Right! My dad bought it for me yesterday.
> W : Is it expensive?
> M : No, 그것은 너의 것만큼 비싼 것은 아니야.

→ _____

_____

06 **다음 중 어법상 틀린 문장을 모두 찾아 그 기호를 쓰고 바르게 고쳐 문장을 다시 쓰시오.**

> ⓐ You are always late for the class.
> ⓑ He never will get up early.
> ⓒ Is there cold something to drink?
> ⓓ She is more nice than Jane.
> ⓔ The young should listen to the old.

(1) (   )

→ _____

(2) (   )

→ _____

_____

(3) (   )

→ _____

_____

Chapter
6
조동사

can, be able to, will, be going to

A can

1 의미 : ~할 수 있다, ~해도 된다 (could ~할 수 있었다)

2 Could you ~? : ~해 주시겠습니까? (정중한 표현)

3 부정형 :「**cannot (= can't)** + 동사원형」

B be able to ✎ 주어에 맞게 be동사를 사용하면 된다.

1 현재형 :「am, are, is able to + 동사원형」(~할 수 있다)

2 과거형 :「was, were able to + 동사원형」(~할 수 있었다)

3 미래형 :「will be able to + 동사원형」

4 부정형 :「be동사 + **not** + able to + 동사원형」

5 의문문 :「Be동사 + 주어 + able to + 동사원형 ~?」

C will

1 의미 : ~할 것이다 (주어의 의지 또는 단순한 미래를 나타냄)

2 would : will의 과거형 (~할 것이었다) / 과거의 불규칙적 습관 (~하곤 했었다)

3 Would you ~? : ~해 주시겠습니까? (정중한 표현)

4 부정형 :「**will not (= won't)** + 동사원형」

D be going to

1 의미 : ~할 예정이다, ~할 것이다 (결정된 내용에 대한 미래를 나타냄)

2 과거형 :「was going to + 동사원형 / were going to + 동사원형」

3 부정형 :「be동사 + **not** + going to + 동사원형」

Simple Test

다음 빈칸에 들어갈 알맞은 단어를 적으세요.

1 나는 이 공을 멀리 던질 수 있다.
→ I _____ _____ this ball far away.

2 제 사진 좀 찍어주시겠습니까?
→ _____ _____ take a picture of me?

3 그녀는 내년에 자전거를 탈 수 있을 것이다.
→ She _____ _____ _____ _____ ride a bicycle
next year.

Practice Test

정답 p.12

What's your score? O 　 개 X 　 개

다음 괄호 안의 주어진 단어를 이용하여 문장을 완성하세요.

1 너는 오늘 몇 시에 저녁을 먹을 거니? (what time, will)

_____

2 그는 어제 다섯 시간 동안 공부할 수 있었다. (for five hours, could)

_____

3 그들은 그 산을 오를 수 있을 것이다. (be able to, climb)

_____

4 당신의 우산을 저에게 잠시 빌려 주시겠습니까? (lend, me, for a while)

_____

5 나는 다시는 화를 내지 않을 것이다. (be angry)

_____

6 그 은행은 오후 4시에 문을 닫을 예정이다. (bank, close, 4 p.m.)

_____

7 그들은 그 버스 위에서 움직일 수 없었나요? (couldn't, move, on the bus)

_____

8 그 나무꾼은 한 번에 그 큰 나무를 자를 수 있었다. (woodcutter, chop ~ down, at a time)

_____

9 그녀의 남편은 그녀의 그림을 내일 프랑스(France)로 가져갈 예정이다. (husband, painting, take)

_____

10 저에게 사실을 말해 주시겠습니까? (tell, the truth, could)

_____

What's your score? O   개 X   개

다음 괄호 안의 주어진 단어를 이용하여 문장을 완성하세요.

1 그는 그의 보고서를 내일까지 제출할 수 있을 것이다. (submit, report, by tomorrow)

_____

2 나는 오늘 저녁에 엄마 대신에 설거지할 예정이다. (do the dishes, instead of Mom, this)

_____

3 여기서 사장님을 기다려 주시겠습니까? (the boss, wait for)

_____

4 그는 어렸을 때 이 공원에서 연들을 날리곤 했다. (would, kites, when, young)

_____

5 나는 다시는 실수를 하지 않을 것이다. (make a mistake)

_____

6 그들은 그때에는 오랫동안 춤출 수 있었다. (able, then)

_____

7 그는 비가 올 때에는 집에 머물러 있곤 했었다. (would, when)

_____

8 나는 가장 이른 버스를 탈 예정이었다. (early, take, going to)

_____

9 우리는 다음 주에 캐나다로 갈 예정이다.

_____

10 저에게 이메일을 보내 주시겠습니까? (could)

_____

New Words

take a picture 사진 찍다 | for ~동안 | climb 오르다 | lend 빌려주다 | for a while 잠시 동안 | woodcutter 나무꾼 |
chop 찍다, 자르다 | at a time 한 번에 | husband 남편 | painting 그림 | truth 진실 | submit 제출하다 | report 보고서 |
by ~까지 (기한) | instead of ~대신에 | kite 연 | make a mistake 실수하다 | then 그때

must, have to, should, may

A must

1 의미 : ~해야 한다 (강한 의무)

2 부정형 : 「must not (= mustn't) + 동사원형」

📌 must be :~임이 틀림없다 / can't be (= cannot be):~일 리가 없다

ex He must be our new homeroom teacher. 그는 우리의 새 담임 선생님임이 틀림없어.

It can't be true. 그것은 사실일 리가 없다.

don't have to
= dont't need to
= need not
~할 필요가 없다

B should

1 의미 : ~해야 한다 (약한 의무, 도덕적 의무)

2 부정형 : 「should not (= shouldn't) + 동사원형」

C have to

1 의미 : ~해야 한다 📌 must보다는 약하고 should보다는 강한 표현이다.

2 부정형 : 「don't / doesn't have to + 동사원형」 '~할 필요가 없다' (= don't / doesn't need to = need not)

Students **don't have to** go to school on Sunday. 학생들은 일요일에 학교에 갈 필요가 없다.

3 과거형 : must, should, have to의 과거형은 모두 **had to**이다.

4 의문문 : Do [Does] + 주어 + have to ~? = Must [Should] + 주어 ~?

D may

1 의미 : ~해도 된다 (허락), ~일지도 모른다 (추측)

2 부정형 : 「may not + 동사원형」 '~하면 안 된다, ~이 아닐지도 모른다'

Simple Test

다음 빈칸에 들어갈 알맞은 단어를 적으세요.

1 너는 너의 친구 Tommy에게 사과해야 한다.

→ You _____ apologize to your friend Tommy.

2 그가 이 문제를 풀어야 하나요?

→ _____ he _____ _____ solve this problem?

3 너는 지금 그 책을 읽을 필요가 없다.

→ You _____ _____ to read to the book now.

4 오늘 우리 학교에 부모님께서 오실지도 모른다.

→ Parents _____ _____ to our school today.

Practice Test ✦ ✦

What's your score? O 개 X 개

다음 괄호 안의 주어진 단어를 이용하여 문장을 완성하세요.

1 왜 내가 이 비싼 신발을 사야 하나요? (have to, expensive shoes)

_____

2 너는 오늘 네 남동생을 돌볼 필요 없다. (take care of)

_____

3 Sam은 어제 도서관에 가야 했다. (library, have to)

_____

4 제가 당신의 차를 운전해도 되나요? (may)

_____

5 그는 도둑일 리가 없다. (thief)

_____

6 너는 빨간 신호등에 지나가서는 안 된다. (go through, for a red light, must)

_____

7 내가 이 쓰레기를 지금 버려야 하나요? (should, trash, throw away)

_____

8 이 영화는 틀림없이 지루할 것이다. (boring)

_____

9 그녀는 이번 방학 동안에 일본어를 공부하지 않을지도 모른다. (Japanese, during this vacation)

_____

10 우리는 지금 후식을 먹을 필요가 없다. (have dessert)

_____

음 괄호 안의 주어진 단어를 이용하여 문장을 완성하세요.

너는 나쁜 날씨에 대해서 걱정할 필요가 없다. (worry about, weather)

_____

그는 예금 계좌를 개설해야 하나요? (open, savings account, have to)

_____

아빠가 너에게 용돈을 안 주실지도 모른다. (pocket money)

_____

그것은 다이아몬드일 리가 없다. (diamond)

_____

그들은 해가 지기 전에 그 강을 건너야 했다. (cross, sunset)

_____

우리는 어르신들께 무례해서는 안 된다. (should, rude, the old)

_____

너희들은 싸우는 것을 멈춰야 한다. (must)

_____

그녀는 너를 다시 안 볼지도 모른다.

_____

너는 그들을 기다릴 필요가 없다. (need to)

_____

0 그녀는 그것을 포기해야만 했다.

_____

New Words

apologize to ~에게 사과하다 | solve 풀다 | expensive 비싼 | take care of ~을 돌보다 | library 도서관 | thief 도둑 |
go through 지나가다 | red light 빨간 신호등 | trash 쓰레기 | throw away ~을 버리다 | boring 지루한 | Japanese 일본어 |
during ~동안 | dessert 후식, 디저트 | worry about ~에 대해 걱정하다 | savings account 예금 계좌 | sunset 일몰 |
pocket money 용돈 | rude 무례한 | the old 노인, 어르신 (= old people) | give up 포기하다

Review Test

(1~10) 다음 빈칸에 들어갈 알맞은 단어를 적으세요.

1 너는 혼자서 낯선 장소에 가면 안 된다.

You _____ _____ to a strange place by yourself.

2 망고 주스 한 잔을 주시겠습니까?

_____ you _____ me a _____ of mango juice?

3 쉬는 시간에 이메일을 확인해도 될까요? (check)

_____ _____ _____ my email during break time?

4 그 발레리나는 무대 위에서 틀림없이 우아할 것이다. (graceful)

The ballerina _____ _____ _____ on the stage.

5 비가 그쳤다. 그녀는 새 우산을 살 필요가 없었다.

It stopped raining. She _____ _____ buy a new umbrella.

6 내가 그 쿠폰을 다시 돌려줘야 하나요?

_____ _____ _____ _____ give the coupon back?

7 그의 강의는 지루할 리가 없다. 그는 정말 웃긴다.

His lecture _____ _____ boring. He is really funny.

8 Harry는 화가 많이 났다. 그는 다시는 나에게 말하지 않을지도 모른다.

Harry is very upset. He _____ _____ to me again.

9 그는 이틀이 지난 후 그 감옥을 탈출할 수 있었다.

He _____ _____ _____ escape from the prison two days later.

10 내 남동생은 아직도 장난감 차를 좋아한다. 그는 약간의 장난감 차를 또 살 것이다.

My younger brother still likes toy cars. He _____ _____ some toy cars again.

11~20) 다음 괄호 안의 주어진 단어를 이용하여 문장을 완성하세요.

1 부탁 하나만 들어 주시겠습니까? (do, favor, me)

2 그들은 빗속에서 축구를 해야 했다. (in the rain)

3 너는 하루에 9시간 이상 일할 필요가 없다. (over, day)

4 그에게 전화해 봐. 그가 너의 전화를 기다리고 있을지도 몰라. (your call, may, wait for)

5 나는 내일 나의 건강검진 때문에 아무것도 먹으면 안 된다. (because of, anything, medical check-up, must)

6 내일은 아무도 컴퓨터를 사용할 수 없을 것이다. (no one, computers)

7 너는 3년 안에 반드시 성공할 것이다. (certainly, within three years)

8 그 소포들을 다음 주에 저에게 보내 주시겠습니까? (send, the packages)

9 그는 좋은 날씨 덕분에 즐겁게 그의 차를 세차할 수 있었다. (the good weather, thanks to, pleasantly)

10 우리는 오늘 저녁 식사를 위해 Luna가 가장 좋아하는 레스토랑에 갈 예정이다. (Luna's favorite, for dinner)

Ready for Exams

[01~02] 다음 우리말과 같은 뜻이 되도록 주어진 단어를 바르게 배열하여 영작하시오.

01

Ben은 그 기계를 고칠 수 있다.

(able, the, machine, Ben, fix, to, is)

→ _____

_____

02

우리는 내일 배드민턴을 칠 예정이다.

(are, badminton, tomorrow, we, play, going, to)

→ _____

_____

[03~04] 다음 괄호 안에 주어진 단어와 조건을 활용하여 밑줄 친 우리말을 바르게 영작하시오.

03

그녀는 오늘 자신의 숙제를 할 필요가 없다.

(her, homework, today, do)

조건1 have to를 사용할 것.

조건2 8단어로 쓸 것.

→ _____

_____

04

그 과학자들은 자신들의 계획을 포기해야 했다.

(scientists, their, plan, give up)

조건1 과거형으로 쓸 것.

조건2 8단어로 쓸 것.

→ _____

_____

05 다음 대화를 읽고 밑줄 친 우리말을 바르게 영작하시오.

W : Today is your birthday, right?

M : Yes! I will visit some friends this evening.

W : Did you invite Jenny?

M : Yes, but she lives far from my house. <u>그녀는 오늘 안 올지도 몰라.</u>

→ _____

_____

06 다음 중 어법상 틀린 문장을 모두 찾아 그 기호를 쓰고 바르게 고쳐 문장을 다시 쓰시오.

ⓐ He will can carry the box.

ⓑ She don't need to go there.

ⓒ Are you able to fix this car?

ⓓ Is he going to be at home?

ⓔ Should I studied for two hours?

(1) (   )

→ _____

_____

(2) (   )

→ _____

_____

(3) (   )

→ _____

_____

Chapter

7

명령문, 권유문, 감탄문, 부가의문문

UNIT 18 명령문과 권유문

A 명령문

1 명령문의 형태와 의미

긍정문	「동사원형 ~.」 '~해라.'	**Stand** up. 일어서라.
부정문	「Don't (= Do not) + 동사원형 ~.」 '~하지 마라.' 「Never + 동사원형 ~.」 '결코 ~하지 마라.'	**Don't** stop now. 지금 멈추지 마라. **Never** give up. 결코 포기하지 마라.

📌 be동사 명령문 : 「Be + 형용사.」 / 「Don't be + 형용사.」 / 「Never be + 형용사.」
  ex **Be** quite. 조용히 해라. **Don't be** afraid. 두려워하지 마라.

2 명령문 +, and ~ : …해라, 그러면 ~할 것이다. 📌 「If + 주어 + 동사, ~」 로 바꿔 쓸 수 있다.

Remember this, **and** you will learn a lesson. 이것을 기억해라, 그러면 너는 교훈을 얻을 것이다.

= If you remember this, you will learn a lesson.

3 명령문 +, or ~ : …해라, 그렇지 않으면 ~할 것이다.

Get up early, **or** you will be late for school. 일찍 일어나라, 그렇지 않으면 너는 학교에 지각할 것이다.

= **If** you **don't** get up early, you will be late for school.

= **Unless** you get up early, you will be late for school.

📌 「If you don't ~」 또는 「Unless you + 동사」로 바꿔 쓸 수 있다. (Unless = If ~ not)

Don't worry.
Be happy!

B 권유문

1 「Let's + 동사원형 ~.」 : '~하자.'

2 「Why don't you + 동사원형 ~?」 : '~하는 게 어때?, ~하지 그래?'

Why don't you join us? 우리와 함께 하는 게 어때?

3 「What [How] about + 명사, 대명사, 동명사 ~?」 : '~하는 게 어때?, ~은 어때?'

What [How] about having some coffee this afternoon? 오늘 오후에 커피 좀 마시는 게 어때?

Simple Test

다음 빈칸에 들어갈 알맞은 단어를 적으세요.

1 위험한 곳에 가지 마라.

→ _____ _____ to a dangerous place.

2 매일 운동해라, 그러면 감기에 걸리지 않을 것이다.

→ _____ every day, _____ you won't catch a cold.

3 어떤 것을 먹은 후에 양치질해라. 그렇지 않으면 충치가 생긴다.

→ _____ your teeth after eating something, _____ you get cavit

Practice Test

What's your score? O   개 X   개

음 괄호 안의 주어진 단어를 이용하여 문장을 완성하세요.

너무 쉽게 약속하지 마라. (too, easily, make promises)

_____

부지런해라, 그러면 너는 성공할 것이다. (diligent, succeed)

_____

이번 주말에 바다로 가자.

_____

클래식 음악을 듣는 게 어때? (listen to, classical music, how)

_____

너무 많은 일들을 동시에 하지 마라. (too many things, at the same time)

_____

나를 봐, 그리고 사실을 말해줘. (look at)

_____

신선한 공기를 좀 마시자. (breathe in, fresh)

_____

많은 책을 읽어라, 그러면 너는 도서상품권을 받을 것이다. (many, book coupon)

_____

너 자신을 위해 시간을 좀 쓰는 게 어때? (spend some time, for yourself, why)

_____

0 자신감을 가져라, 그러면 좋은 결과를 얻을 것이다. (confident, good result, get)

_____

Actual Test ✿☆

What's your score? O   개   X   개

다음 괄호 안의 주어진 단어를 이용하여 문장을 완성하세요.

1 포기하지 마. 우리는 이 경기를 이길 수 있어. (win this game)

_____

2 너의 과자들을 나랑 나눠 먹는 게 어때? (share, snack)

_____

3 두드려라, 그러면 그 문이 너에게 열릴 것이다. (be open)

_____

4 그렇게 어리석게 생각하지 마라. (so stupidly)

_____

5 내일까지 그 일을 끝내라. 그렇지 않으면 우리는 편안한 주말을 보낼 수 없다.
(by tomorrow, weekend, relaxing)

_____

6 그녀에게 너의 마음을 전하는 게 어때? (what, give your heart)

_____

7 많은 책들을 읽어라, 그러면 너의 생각들은 건강해질 것이다. (many, thoughts, be, healthy)

_____

8 너는 말이 너무 많아. 잠시 말하는 것을 멈추는 게 어때? (talkative, why, for a while)

_____

9 저 아이들에게 쿠키를 좀 주는 게 어때? (how, to, children)

_____

10 많은 물을 마셔라, 그렇지 않으면 너는 지칠 것이다. (tired)

_____

New Words

promise 약속; 약속하다 | diligent 부지런한 | succeed 성공하다 | classical music 클래식 음악 | breathe 숨쉬다, 호흡하다 |
fresh 신선한 | spend (돈, 시간을) 사용하다, 보내다 | confident 자신 있는 | result 결과 | share 나누다, 공유하다 | stupidly 어리석게
| relaxing 편한, 느긋한 | thought 생각 | healthy 건강한 | talkative 말이 많은

감탄문과 부가의문문

A What 감탄문 📌 형용사의 수식을 받는 명사가 있다.

1 단수명사 : 「What + a(n) + 형용사 + 단수명사 + (주어 + 동사)!」

What **an old bell** it is! 정말로 오래된 종이구나!

2 복수명사 : 「What + 형용사 + 복수명사 + (주어 + 동사)!」

What **old bells** they are! 정말 오래된 종들이구나!

What a beautiful woman she is!
How beautiful she is!

Me?

B How 감탄문 📌 How 뒤에 형용사만 따라 온다.

· 「How + 형용사 + (주어 + 동사)!」

How old the bell is! 그 종은 정말 오래됐구나!

How old the bells are! 그 종들은 정말 오래됐구나!

C 부가의문문 : 직접 묻는 것이 아니라 한 번 더 묻는 형태이다. (주어 + 동사 ~, _____?)

주 문장	부가의문문	예문
긍정	부정	He is handsome, **isn't he**? 그는 잘생겼어, 그렇지 않니?
부정	긍정	They don't like baseball, **do they**? 그들은 야구를 안 좋아해, 그렇지?
be동사	be동사	She is very kind, **isn't she**? 그녀는 매우 친절해, 그렇지?
조동사	조동사	You can speak Spanish, **can't you**? 너는 스페인어를 말할 수 있어, 그렇지 않니?
일반동사	do, does, did	He broke the window, **didn't he**? 그는 창문을 깨뜨렸어, 그렇지 않니?
명사	대명사	Jack is the best soccer player, **isn't he**? Jack은 최고의 축구 선수야, 그렇지 않니?
명령문	will you?	Don't forget to bring your laptop, **will you**? 노트북 가져오는 것을 잊지마, 그럴 거지?
Let's ~	shall we?	Let's see the movie, **shall we**? 영화를 보러 가자, 그렇게 할까?

Simple Test

다음 빈칸에 들어갈 알맞은 단어를 적으세요.

1 그 영화 정말 재미있구나! → What _____ exciting _____ it is!

2 경치가 정말 아름다워! → How _____ the scenery _____ !

3 그 강아지 정말 귀여워, 그렇지 않니?

→ The puppy is really cute, _____ _____ ?

4 Tom은 아무것도 먹지 않았어, 그렇지?

→ Tom didn't eat anything, _____ _____ ?

5 너의 교실로 가라, 그럴 거지? → Go to your classroom, _____ _____ ?

Practice Test

What's your score? O   개   X   개

다음 빈칸에 들어갈 알맞은 부가의문문을 쓰세요.

1   James is very smart, _____ _____ ?

James는 매우 똑똑해, 그렇지 않니?

2   Harry and Sally didn't do their homework, _____ _____ ?

Harry와 Sally는 숙제를 하지 않았어, 그렇지?

3   Let's order some pizza, _____ _____ ?

피자 좀 시키자, 그렇게 할까?

4   He could buy a good house last year, _____ _____ ?

그는 작년에 좋은 집을 살 수 있었어, 그렇지 않니?

5   Don't be shy when you speak English, _____ _____ ?

영어를 말할 때 부끄러워하지 마, 그럴 거지?

6   Your uncle drives his car very fast all the time, _____ _____ ?

너희 삼촌은 항상 차를 매우 빨리 운전해, 그렇지 않니?

7   A lot of people were in the park, _____ _____ ?

많은 사람들이 공원에 있었어, 그렇지 않니?

8   You weren't a coward when you were young, _____ _____ ?

너는 어렸을 때 겁쟁이가 아니었어, 그렇지?

9   David was very popular when he was a high school student, _____ _____ ?

David는 고등학생이었을 때 정말 인기가 많았어, 그렇지 않니?

10   Jessica will visit her aunt tomorrow, _____ _____ ?

Jessica는 내일 외숙모 댁을 방문할 거야, 그렇지 않니?

Actual Test ⭐

What's your score? O   개   X   개

다음 괄호 안의 주어진 단어를 이용하여 문장을 완성하세요.

1 그것들은 정말 믿을 수 없는 결과들이야! (what, unbelievable results)

_____

2 Paul이 정말 좋은 차를 샀구나! (what, buy)

_____

3 저 원숭이는 정말 영리하구나! (how, clever)

_____

4 Tom과 Jerry는 적이 아니야, 그렇지? (enemies)

_____

5 그 소녀들을 놀라게 하자, 그렇게 할까? (surprise)

_____

6 그것은 정말 환상적인 노래야! (what, fantastic)

_____

7 너는 어젯밤에 양치질을 안 했지, 그렇지? (brush)

_____

8 Jack과 Jill은 훌륭한 탐정들은 아니야, 그렇지? (wonderful, detective)

_____

9 산으로 가자, 그렇게 할까?

_____

10 내 노래 듣는 것을 멈추지 마, 그럴 거지?

_____

New Words

Spanish 스페인어 | broke break (깨뜨리다)의 과거 | bring 가지고 오다 | laptop 노트북 컴퓨터 | exciting 흥미진진한, 재미있는 |
scenery 경치 | do one's homework 숙제를 하다 | order 주문하다 | all the time 항상 | coward 겁쟁이 | popular 인기 있는 |
unbelievable 믿을 수 없는 | result 결과 | bought buy (사다)의 과거, 과거분사 | clever 영리한 | enemy 적 | surprise 놀라게 하다
| fantastic 환상적인 | brush one's teeth 양치질 하다 | detective 탐정

Review Test

(1~10) 다음 빈칸에 들어갈 알맞은 단어를 적으세요.

1 서로 사랑해라, 그러면 행복할 것이다.

　　　　　　　　one another, 　　　　　　you will be happy.

2 그것은 신상품처럼 보인다, 그렇지 않니?

It looks brand-new, 　　　　　　 　　　　　　?

3 저것들은 정말 빠른 치타들이구나!

　　　　　　 　　　　　　cheetahs they 　　　　　　!

4 많은 물을 마셔라, 그렇지 않으면 목이 마를 것이다.

　　　　　　a lot of water, 　　　　　　you will be thirsty.

5 이번 주말에 제주도로 가자, 그렇게 할까?

　　　　　　 　　　　　　to Jeju Island this weekend, shall we?

6 보고서를 제출하는 것을 잊지 마, 그럴 거지?

　　　　　　 　　　　　　to submit your report, 　　　　　　 　　　　　　?

7 너는 내년에 서울로 이사 가는 것이 어때?

　　　　　　 　　　　　　 　　　　　　move to Seoul next year?

8 어제 Micky가 햄스터 한 마리를 샀어, 그렇지 않니?

Micky bought a hamster yesterday, 　　　　　　 　　　　　　?

9 정말 멋진 세상이구나! (wonderful)

　　　　　　 　　　　　　 　　　　　　world!

10 너의 여동생과 너는 그를 많이 좋아해, 그렇지 않니?

Your sister and you 　　　　　　him very much, 　　　　　　 　　　　　　?

11~20) 다음 괄호 안의 주어진 단어를 이용하여 문장을 완성하세요.

11 James는 다시는 농구를 하지 않을 거야, 그렇지?

12 그녀는 정말 창의적인 화가야! (what, creative)

13 너의 아버지는 매일 아침 신문을 읽으시지, 그렇지 않니?

14 지금 네 남동생에게 햄버거를 하나 사 줘. 그렇지 않으면 그가 실망할지도 몰라. (be disappointed)

15 두바이(Dubai)에 있는 저 빌딩은 정말 높구나! (how)

16 너는 아파 보인다. 동네 병원에 가 보는 게 어때? (why, look, the doctor's clinic)

17 또 다른 로봇을 만드는 게 어때? (how, another)

18 그는 그 소설을 쓰는 데 많은 시간을 썼지, 그렇지 않니? (spend, a lot of, the novel)

19 길 잃은 고양이를 도와라, 그렇지 않으면 고양이는 배가 고플지도 모른다. (the stray cat, it, may be)

20 그것들은 정말 다양한 종류의 음식들이구나! (what, plates of food, various)

Ready for Exams

[01~02] 다음 우리말과 같은 뜻이 되도록 주어진 단어를 바르게 배열하여 영작하시오.

01

다른 사람들을 도와라, 그러면 너는 행복한 느낌이 들 것이다. (other, people, help, you, feel, will, happy, and)

→ _____

_____

02

너의 차를 세차하는 게 어때?
(why, wash, car, your, don't, you)

→ _____

_____

[03~04] 다음 괄호 안에 주어진 단어와 조건을 활용하여 밑줄 친 우리말을 바르게 영작하시오.

03

그 노래는 정말 아름다워! (song, it)

조건1 감탄문으로 쓸 것.
조건2 what을 반드시 사용할 것.

→ _____

_____

04

Sally는 어제 그 박물관에 갔어, 그렇지 않니?
(went, the, museum, to, yesterday)

조건1 부가의문문으로 쓸 것.
조건2 Sally의 성별은 여자로 쓸 것.

→ _____

_____

05 다음 대화를 읽고 밑줄 친 우리말을 바르게 영작하시오.

W : Hi, are we really going to the
     amusement park this weekend?
M : Sure, we can have a great time there.
W : What time are we going to meet
     tomorrow?
M : 9 a.m. <u>내일 늦지마.</u>

→ _____

06 다음 중 어법상 또는 의미상 어색한 문장을 모두 찾아 그 기호를 쓰고, 바르게 고쳐 문장을 다시 쓰시오.

ⓐ Study hard, or you can't pass the test.
ⓑ Logan wasn't there, was Logan?
ⓒ Let's work hard, shall you?
ⓓ How interesting the games they are!
ⓔ Be happy, will you?

(1) (   )

→ _____

_____

(2) (   )

→ _____

_____

(3) (   )

→ _____

Chapter

8
전치사와
접속사

UNIT 20 전치사

A at

1 구체적인 시각

I will see her **at** three o'clock. 나는 3시 정각에 그녀를 만날 것이다.

2 좁은 장소나 구체적인 장소

There are many people **at** the zoo. 동물원에는 많은 사람이 있다.

in	
in the morning	아침에
in the afternoon	오후에
in the evening	저녁에

at	
at noon	정
at night	밤
at midnight	지
at dawn	사

B in

1 비교적 긴 시간 (주, 월, 계절, 연도, 미래의 '~후에')

I can leave here **in** July. 나는 7월에 여기를 떠날 수 있다.

2 넓은 장소, 국가, 도시

What is the biggest city **in** China? 중국에서 가장 큰 도시는 무엇입니까?

3 '~안에'라는 의미

My brothers are running **in** the park. 내 남동생들이 공원에서 뛰고 있다.

C on

1 요일, 날짜, 특정한 날 🖈 on 요일s = every 요일

I'll invite my friends to my house **on** my birthday. 나는 생일에 친구들을 집으로 초대할 것이다.

She watches movies with friends **on** Fridays. 그녀는 금요일마다 친구들과 영화를 본다.

2 '~위에'라는 의미 (접촉한 면 위)

Sit **on** your chair. 네 의자에 앉아라.

🚩 from A to B A부터 B까지 / across ~을 건너서, 가로질러 / behind ~ 뒤에 / along ~을 따라서

next to ~ 옆에 / by ~까지 (기한) / around ~주변에 / into ~속으로

Simple Test

다음 빈칸에 들어갈 알맞은 단어를 적으세요.

1 그는 4시 정각에 나를 태워갈 거야.

→ He will pick _____ up _____ four o'clock.

2 한국에는 많은 미국인이 산다. → Many Americans live _____ Korea.

3 우리는 저녁에 외식한다. → We eat out _____ _____ _____.

4 그 소녀는 길을 가로질러 걸어가고 있다.

→ The girl is walking _____ the _____.

Practice Test

What's your score? O   개   X   개

다음 괄호 안의 주어진 단어를 이용하여 문장을 완성하세요.

1 나는 10년 후에 과학자가 될 것이다. (scientist, will, in)

_____

2 우리는 정오에 점심을 먹는다. (noon)

_____

3 여기에서 공원까지 걸어가자. (let's, walk, here)

_____

4 이 건물 뒤에는 주차장이 있다. (there is, parking lot)

_____

5 그 소방관은 불길 속으로 뛰어들었다. (the flame, run into)

_____

6 많은 꽃이 그 강을 따라 길 위에 핀다. (bloom, along)

_____

7 너는 내일까지 이 보고서를 끝내야 한다. (have to, report)

_____

8 그 아기는 항상 그녀의 엄마 옆에 앉는다. (always)

_____

9 우리의 배 주변에 상어 몇 마리가 있다. (there are, ship, several)

_____

10 우리의 결혼기념일에 여행을 가자. (wedding anniversary, go on a trip)

_____

Actual Test ☆☆

What's your score? O 개 X 개

다음 괄호 안의 주어진 단어를 이용하여 문장을 완성하세요.

1 이 비행기는 한 시간 후에 뉴욕(New York)에 도착할 것이다. (plane, arrive in)

_____

2 그는 아침에 일찍 일어난다.

_____

3 그들은 종종 은행에서 더위를 피한다. (often, avoid the heat)

_____

4 그녀는 그를 인천 공항에서 오후 2시 정각에 만날 것이다. (Incheon airport)

_____

5 그들은 어제 환경에 관해서 토론했다. (the environment, have a discussion)

_____

6 그는 밤에 산책하는 것을 좋아한다. (to take)

_____

7 나는 집에서 몇 권의 책을 읽고 있다. (some)

_____

8 슈퍼맨(Superman)이 두 시간 후에 우리를 구조할 것이다. (will, rescue)

_____

9 우리는 오후에 백화점으로 갈 예정이다. (department store)

_____

10 그 강도는 자정에 그 집을 털었다. (robber, rob, midnight)

_____

New Words

invite 초대하다 | pick up (차를) 태우다 | eat out 외식하다 | post office 우체국 | scientist 과학자 | parking lot 주차장 | flame 불꽃 | bloom 꽃이 피다 | several 몇몇의 | shark 상어 | anniversary 기념일 | go on a trip 여행가다 | arrive 도착하다 | avoid 피하다 | heat 열, 더위 | airport 공항 | environment 환경 | have a discussion 토론하다 | department store 백화점 | robber 강도 | rob 털다. 도둑질 하다 | midnight 자정

UNIT 21 접속사

A 등위접속사와 접속사 that

1 등위접속사 : 대등한 단어, 구, 절을 연결해 준다. **ex** and, but, or, so, for 등

Jaden **and** I are from Australia. Jaden과 나는 호주 출신이다.

2 명사절을 이끄는 접속사 that : 문장에서 주어, 목적어, 보어를 이끈다.

주어	**That** she is a spy is true. 그녀가 스파이라는 것은 사실이다.
목적어	He believed **that** he could succeed. 그는 그가 성공할 수 있다고 믿었다.
보어	Their goal is **that** they win. 그들의 목표는 그들이 이기는 것이다.

B 종속접속사 📌 접속사＋문장(종속절), 문장(주절) : '주절과 종속절을 연결해 준다'

1 시간 : when '~할 때', before '~하기 전에', after '~한 후에', until '~할 때까지' 등

I will wash my car **when** she does the dishes. 그녀가 설거지를 할 때 나는 세차를 할 것이다.

2 이유 : because, as, since 등 '왜냐하면, ~ 때문에'

Because she ran very fast, the coach told her to be a sprinter.
그녀가 아주 빨리 달렸기 때문에 그 코치는 그녀에게 달리기 선수가 되라고 했다.

> unless = if ~ not
> 만약 ~ 않는다면

3 조건 : if '만약 ~한다면', unless '만약 ~ 않는다면'

I will tell her everything **if** she forgives me. 만약 그녀가 나를 용서하면 나는 그녀에게 모든 것을 말할 것이다.

📌 시간과 조건을 나타내는 부사절에서 주절의 시제가 미래여도 종속절에는 현재형을 쓴다.

4 양보 : though, although, even though '비록 ~일지라도, ~에도 불구하고'

Though you are an enemy, I will heal you. 비록 네가 적이지만 나는 너를 치료해 주겠다.

Simple Test

다음 빈칸에 들어갈 알맞은 단어를 적으세요.

1 Steve와 Tim은 좋은 친구이다.
→ Steve＿＿＿＿＿ Tim ＿＿＿＿＿ good friends.

2 문제는 그녀가 그것을 모른다는 것이다.
→ The problem ＿＿＿＿＿ ＿＿＿＿＿ she doesn't know it.

3 내일 비가 온다면 나는 집에 머물러 있을 것이다.
→ ＿＿＿＿＿ it ＿＿＿＿＿ tomorrow, I will stay at home.

4 그는 어지러움에도 불구하고 롤러코스터를 또 탔다.
→ ＿＿＿＿＿ he was dizzy, he rode the roller coaster again.

5 네가 춤을 잘 추지 못한다면 노래를 해도 좋다.
→ ＿＿＿＿＿ you are good at dancing, you can sing.

Practice Test ✦ ✦

정답 p.1

What's your score? O   개 X   개

다음 괄호 안의 주어진 단어를 이용하여 문장을 완성하세요.

1   나는 따뜻한 커피나 차가운 우유를 마시고 싶다. (hot coffee, cold milk)

_____

2   그는 운전 면허를 땄지만 운전은 잘 못한다. (get his driver's license, can't)

_____

3   지구가 둥글다는 것은 사실이다. (that, round, true)

_____

4   가장 심각한 문제는 아무도 그 열쇠를 갖고 있지 않다는 것이다. (the most serious, nobody, that)

_____

5   내가 그녀의 초대를 한 번도 수락하지 않음에도 불구하고 그녀는 계속 나를 그 게임에 초대한다.
(never, accept, her invitations, though, keep inviting me)

_____

6   네가 친구들과 놀고 있을 때 난 열심히 공부할 것이다. (when)

_____

7   눈이 많이 왔기 때문에 교통 체증이 있다. (traffic jam, as, snow a lot)

_____

8   그녀는 피곤해서 낮잠을 잤다. (tired, so, take a nap)

_____

9   그가 용의자라는 것은 명백하다. (that, suspect, obvious)

_____

10 네가 서쪽으로 간다면 나는 동쪽으로 가겠다. (if, the west, the east)

_____

Actual Test ☆☆

What's your score? O   개 X   개

다음 괄호 안의 주어진 단어를 이용하여 문장을 완성하세요.

1 나는 그가 백만장자라고 들었다. (that, millionaire)

_____

2 그는 그 업무를 끝낸 후에 새로운 업무를 원할 것이다. (after, task)

_____

3 충격적인 소식은 그녀가 성형 수술을 했다는 것이다. (that, have a plastic surgery)

_____

4 비가 왔기 때문에 그 새들은 둥지에 머물렀다. (stay, in the nest, because)

_____

5 부동산 시장이 바닥을 쳤다는 것은 사실이다. (that, real estate market, hit the bottom)

_____

6 우리는 배가 매우 고파서 많이 먹었다. (so, eat a lot)

_____

7 Becky는 한 일자리에 지원했으나 그녀의 남동생은 하지 않았다. (apply for a job)

_____

8 내가 어렸을 때는 키가 정말 작았다.

_____

9 네가 다른 사람들을 용서하지 않는다면 나도 너를 용서하지 않겠다. (unless, forgive, either)

_____

10 네가 가난한 사람들을 돕는 것은 훌륭하다. (that, great, people)

_____

New Words

sprinter 달리기 선수 | forgive 용서하다 | enemy 적 | dizzy 어지러운 | be good at ~을 잘하다 | driver's license 운전 면허 | round 둥근 | serious 심각한 | accept 수락하다 | keep -ing 계속해서 ~하다 | invite 초대하다 | traffic jam 교통 체증 | suspect 용의자 | obvious 명백한 | east 동쪽 | west 서쪽 | millionaire 백만장자 | task 업무 | plastic surgery 성형 수술 | shocking 충격적인 | nest 둥지 | real estate 부동산 | hit the bottom 바닥을 치다 | apply for ~에 지원하다 | either 역시, ~도 (부정문에 사용)

Review Test

(1~10) 다음 빈칸에 들어갈 알맞은 단어를 적으세요.

1 오전에 커피 한 잔을 마시는 것은 기분 좋다.

Drinking a cup of coffee _____ _____ morning _____ pleasant.

2 치즈 케이크가 맛있어서 나는 이 빵집에 자주 온다.

I _____ come to this bakery _____ the cheese cake is delicious.

3 그들은 충분한 돈이 없었기 때문에 외국으로 갈 수 없었다.

They _____ go abroad _____ they didn't have _____ money.

4 비록 그녀는 장님이었지만 많은 것을 이루었다. (blind)

_____ _____ she was _____, she achieved many things.

5 한국은 2002년에 일본과 함께 월드컵을 공동 개최했다.

Korea co-hosted the World Cup _____ Japan _____ 2002.

6 그 모델이 다리를 다쳤다. 그래서 그 디자이너는 즉시 그녀에게 전화했다.

The model hurt her leg, _____ the designer _____ her at once.

7 Tom과 Jerry는 월요일마다 박물관에 간다.

Tom _____ Jerry go to a _____ Mondays.

8 그는 굉장히 부자이다. 그래서 그는 개인 제트기를 소유하고 있다.

He is very wealthy, _____ _____ owns a private jet.

9 잠자리에 들기 전에 너의 하루를 돌아보아라.

_____ you go to _____, look back on _____ day.

10 그가 그녀를 해고한 것은 불공평한 결정이었다.

_____ he fired her _____ an unfair decision.

(11~20) 다음 괄호 안의 주어진 단어를 이용하여 문장을 완성하세요.

11 그는 많이 먹었기 때문에 운동해야 한다. (a lot, since, exercise, have to)

12 나의 삼촌이 유명한 가수인 것은 비밀이다. (that, famous, secret)

13 여자들이 축구를 좋아하지 않는다는 것은 사실이 아니다. (true, it, that)

14 네가 어른이 되기 전에는 커피를 마시지 않는 게 좋다. (adult, had better not)

15 밸런타인데이(Valentine's Day)에, 그는 시장에서 초콜릿을 팔았다. (sell, market)

16 나는 오늘 영화 세 편을 봐서 나는 머리가 아팠다. (have a headache, so)

17 비록 그녀가 나를 좋아하지 않을지라도 나는 편지를 쓸 것이다. (letters, even though)

18 만약 네가 내 컴퓨터를 고쳐 주면 내가 너에게 저녁을 살게. (fix)

19 내가 돌아오기 전에 이 보고서를 마치세요. (this report, before)

20 그녀는 그를 영원히 사랑할 것이라고 약속했다. (that, forever)

Ready for Exams

[01~02] 다음 우리말과 같은 뜻이 되도록 주어진 단어를 바르게 배열하여 영작하시오.

01

어린이들은 크리스마스에 많은 선물들을 받는다.
(children, Christmas Day, presents, many, get, on)

→ _____

_____

02

그녀는 수영을 좋아하기 때문에 매일 수영장으로 간다.
(she, swimming, likes, to, goes, she, the pool, Since, every day)

→ _____

_____

[03~04] 다음 괄호 안에 주어진 단어와 조건을 활용하여 밑줄 친 우리말을 바르게 영작하시오.

03

그는 아팠음에도 불구하고 그 프로젝트를 끝냈다.
(sick, finish, the project)

조건 접속사 though로 문장을 시작할 것.

→ _____

_____

04

나의 아버지는 서울에서 부산까지 혼자 운전하셨다.
(Seoul, Busan, drive, alone)

조건1 from과 to를 사용할 것.
조건2 8단어로 쓸 것.

→ _____

_____

05 다음 대화를 읽고 주어진 단어를 활용하여 밑줄 친 우리말을 바르게 영작하시오.

W : Hi, Do you any plan tomorrow?
M : Nothing special. What about you?
W : I will go hiking with my friends. Can you join us?
M : 만약 내일 날씨가 좋다면, I will join you.
    (nice, tomorrow, the weather)

→ _____

_____

06 다음 중 어법상 또는 의미상 어색한 문장을 모두 찾아 그 기호를 쓰고, 바르게 고쳐 문장을 다시 쓰시오.

ⓐ I want to live in Canada.
ⓑ We go to the park at Sundays.
ⓒ When I was young, I liked pink color.
ⓓ Unless you study hard, you will pass the exam.
ⓔ Because she is weak, she can carry the heavy stones.

(1) (   )

→ _____

_____

(2) (   )

→ _____

_____

(3) (   )

→ _____

Chapter
9
to부정사와
동명사

UNIT 22 to부정사

A 명사적 용법

역할	해석	예문
주어	~하는 것은 [것이]	**To see** him today is difficult. 오늘 그를 보는 것은 어렵다.
목적어	~하는 것을	I like **to go** shopping. 나는 쇼핑하러 가는 것을 좋아한다.
보어	~하는 것이다	My dream is **to be** a lawyer. 나의 꿈은 변호사가 되는 것이다.

📌 가주어 it : 주어가 길 경우에는 가주어 it 을 앞에 내세우며, it 은 해석하지 않는다.

ex **It** is very difficult **to study** English hard. 영어를 열심히 공부하는 것은 매우 어렵다.

B 형용사적 용법

1 명사 / 대명사 + to부정사 : ~할, ~하는, ~해야 할

He bought some juice **to drink**. 그는 마실 주스를 조금 샀다.

2 명사 + to부정사 + 전치사 : 자동사일 경우 문장의 끝에 필요한 전치사를 써야 한다.

I don't have a pen **to write with**. 나는 (가지고) 쓸 펜이 없다.

3 -thing, -body, -one + 형용사 + to부정사

You need **something hot to drink**. 너는 마실 뜨거운 무언가가 필요하다.

C 부사적 용법 📌 앞글자를 따서 '원목결이 판판한 정도'로 외우면 쉽다.

to부정사의 부사적 용법..

1 원인(감정의 원인) : ~한 것이 원인이 되어서 …하다

2 목적 : '~하기 위해'로 해석한다.

3 결과 : 주로 live, grow 같은 동사가 해당한다.

4 판단의 근거 : '~하는 것을 보니'라고 해석한다.

5 정도 : '~하기에 …하다'라고 해석한다.

원목결이 판판한 정도!

Simple Test

다음 빈칸에 들어갈 알맞은 단어를 적으세요.

1 지금 이것을 하는 것은 매우 중요하다.

→ _____ _____ this now is very important.

2 그 강아지는 물을 마시고 싶어 한다.

→ The puppy _____ _____ _____ water.

3 그는 고향에 돌아오게 되어 기뻤다.

→ He _____ pleased _____ _____ back to his _____

106

부정사를 사용해서 다음 우리말을 영작하세요.

그를 이해하기는 쉽지 않다. (understand, easy)

_____

대부분의 사람들은 여행 가는 것을 좋아한다. (go on trips)

_____

나는 이번 주말에 함께 놀 친구가 없다. (play with, any)

_____

사느냐 죽느냐, 그것이 문제로다. (to be, not to be, or, that, the question)

_____

우리는 지금 당장 먹을 음식이 더 필요하다. (more)

_____

모든 이들이 보너스를 받게 되어서 행복했다. (everybody, get a bonus)

_____

만화책을 읽는 것은 무척 재미있다. (comic books, interesting)

_____

그녀는 그 영화를 보고 매우 슬펐다. (sad)

_____

나는 방학 동안에 읽을 많은 책을 빌렸다. (borrow, during the vacation, a lot of)

_____

0 그 시험에 합격하는 것은 매우 어렵다. (it, pass)

_____

Actual Test ✿☆

What's your score? O   개 X   개

to부정사를 사용해서 다음 우리말을 영작하세요.

1   그 퀴즈를 풀기는 쉽지 않다. (it, solve)

_____

2   그 사람들에게 사실을 말하는 것을 보니 그는 정직하다. (honest, tell the truth)

_____

3   그 무거운 돌들을 옮기는 것은 매우 어렵다. (it, heavy, carry)

_____

4   나는 그 소식을 듣고 화가 났다. (upset, hear, news)

_____

5   믿는 것이 사랑하는 것이다.

_____

6   나는 (그 안에) 살 좋은 집이 필요하다. (in)

_____

7   나의 할아버지는 90세까지 사셨다.

_____

8   그 불쌍한 남자를 돕는 것을 보니 James는 매우 친절하다.

_____

9   그 이야기를 믿기는 쉽지 않다. (it)

_____

10 그들은 성공하기 위해 열심히 공부했다.

_____

New Words

go -ing ~하러 가다 | lawyer 변호사 | pleased 즐거운, 기쁜 | hometown 고향 | trip 여행 | question 문제 | bonus 보너스 |
comic book 만화책 | borrow 빌리다 | during ~동안 (특정한 기간) | vacation 방학 | solve 풀다, 해결하다 | honest 정직한 |
tell the truth 사실을 말하다 | heavy 무거운 | carry 옮기다, 운반하다 | stone 돌 | upset 화가 난 | succeed 성공하다

UNIT 23 동명사

A 동명사의 형태와 역할

1 형태 : 「동사원형 + -ing」 '~하는 것'으로 해석한다.

2 동명사의 역할

역할	해석	예문
주어	~하는 것은, ~하는 것이	**Taking** a good rest is very important. 휴식을 잘 취하는 것은 매우 중요하다. 📌 가주어 It과 진주어 -ing로도 사용이 가능하다. 　　ex It is hard **solving** this question. 이 문제를 푸는 것은 어렵다.
목적어	~하는 것을	Would you mind **opening** the door? 당신은 그 문을 여는 것을 꺼리십니까?
보어	~하는 것이다	All you have to do is **telling** the truth. 네가 해야 할 일은 사실을 말하는 것이다.

B 동명사의 부정

· **부정형 :** not + 동명사 / never + 동명사

Not doing your homework until the last minute is a bad habit.
마지막 순간까지 숙제를 하지 않는 것은 나쁜 버릇이다.

riding a bicycle
자전거 타는 것은 (주어)
자전거 타는 것을 (목적어)
자전거 타는 것이다 (보어)

Simple Test

다음 빈칸에 들어갈 알맞은 단어를 적으세요.

1 정확한 정보를 제공하는 것이 너의 임무이다. (give)

→ _____ correct information is your duty.

2 그녀의 취미는 이상한 돌을 수집하는 것이다.

→ Her hobby _____ _____ strange stones.

3 그녀는 그에게 이야기하는 것을 멈췄다. → She stopped _____ to him.

4 나는 첼로를 연주하는 것에 흥미가 있다.

→ I am interested in _____ _____ cello.

5 그 질문에 대답하지 않은 것은 무례했다.

→ _____ _____ the question was rude.

Practice Test

What's your score? O 개 X 개

동명사를 사용해서 다음 우리말을 영작하세요.

1 나는 그 열쇠를 찾는 것에 지쳤다. (tired of, look for)

_____

2 일찍 일어나기는 쉽지 않다. (get up)

_____

3 아이들을 돌보는 것이 내 일이다. (take care of)

_____

4 그는 아름다운 꽃들을 사는 것을 좋아한다.

_____

5 나의 취미는 역사 소설을 쓰는 것이다. (novels about history)

_____

6 바닷가에 가는 것은 휴식을 취하는 좋은 방법이다. (to the beach, relax)

_____

7 아침에 산책하는 것은 너의 건강에 좋다. (take a walk, good for)

_____

8 그녀는 자기 아이들과 함께 영화 보는 것을 좋아한다. (watch, kids)

_____

9 컴퓨터 게임을 오랫동안 하는 것은 좋지 않다. (for a long time)

_____

10 너의 방을 청소하지 않는 이유가 뭐니? (clean, reasons, what)

_____

Actual Test

정답 p.18

What's your score? O   개   X   개

명사를 사용해서 다음 우리말을 영작하세요.

그 남자를 용서하지 않은 것은 너의 잘못이다. (forgive, the man, fault)

_____

좋은 외과 의사가 되기는 쉽지 않다. (be, surgeon)

_____

그 결정을 듣고 걱정하는 것은 당연하다. (decision, be anxious, natural, to hear)

_____

실수를 한다는 것은 무언가를 배운다는 것을 의미한다. (make a mistake, mean, learn)

_____

누군가를 생각한다는 것은 그 사람을 그리워한다는 것이다. (think about, someone, miss)

_____

우리는 온종일 테니스 치는 것을 즐겼다. (all day long)

_____

서로 잘 협력하는 것은 중요하다. (important, cooperate well with)

_____

그 행사를 준비하지 않은 것은 그의 실수였다. (prepare, mistake)

_____

그에게 대답하지 않은 것은 예의 바르지 않았다.

_____

착한 아이를 돌보는 것은 어렵지 않다. (take care of, well-behaved)

_____

New Words

take a rest 휴식하다 | mind 꺼리다 | tell the truth 사실을 말하다 | habit 습관 | correct 정확한 | information 정보, 지식 |
duty 의무 | hobby 취미 | be interested in ~에 흥미가 있다 | cello 첼로 | rude 무례한 | be tired of ~에 지치다 |
take care of ~을 돌보다 | history 역사 | take a walk 산책하다 | for a long time 오랫동안 | forgive 용서하다 | fault 실수 |
surgeon 외과 의사 | decision 결정 | anxious 걱정하는 | natural 당연한 | mistake 실수 | mean 의미하다 | someone 누군가 |
miss 그리워하다 | cooperate 협력하다 | prepare 준비하다 | polite 예의 바른 | well-behaved 착한

to부정사와 동명사를 모두 취하는 동사

Ⓐ 의미 변화 없는 동사 : love, like, hate, begin, start, continue 등

He loves **playing** soccer. 그는 축구 하는 것을 정말 좋아한다.

= He loves **to play** soccer.

I started **making** a robot. 나는 로봇 만들기를 시작했다.

= I started **to make** a robot.

Ⓑ 의미가 달라지는 동사

to부정사	📕 ~할 것을 …하다 (미래)	동명사	📕 ~했던 것을 …하다 (과거)
forget to 동사원형	~할 것을 잊어버리다	forget -ing	~했던 것을 잊어버리다
remember to 동사원형	~할 것을 기억하다	remember -ing	~했던 것을 기억하다
regret to 동사원형	~할 것을 유감스러워하다	regret -ing	~했던 것을 후회하다
stop to 동사원형	~하기 위해 멈추다	stop -ing	~하는 것을 멈추다
try to 동사원형	~하기 위해 노력하다	try -ing	시험 삼아 ~해보다

She forgot **to meet** James tomorrow. 그녀는 내일 James를 만날 것을 잊어버렸다.

She forgot **meeting** James yesterday. 그녀는 어제 James를 만났던 것을 잊어버렸다.

Ⓒ look forward to 동사원형-ing : ~하는 것을 고대하다 📌 이때, to는 전치사!

He is **looking forward to seeing** her. 그는 그녀를 만나는 것을 학수고대하고 있다.

He stopped to eat.   He stopped eating.

Simple Test

다음 빈칸에 들어갈 알맞은 단어를 적으세요.

1 나는 숙제 하는 것을 싫어한다. → I hate _____ homework.

2 그들은 성공하기 위해 노력했다. → They tried _____ succeed.

3 그녀는 큰 소리로 말하기 시작했다. → She started _____ speak loudly.

4 그는 그녀를 사랑했던 것을 후회했다. → He regretted _____ her.

5 그는 그녀에게 전화하기 위해 멈췄다. → He stopped _____ _____ her

Practice Test

What's your score? O   개   X   개

다음 괄호 안의 주어진 단어를 이용하여 문장을 완성하세요.

그녀는 피아노를 치기 위해 멈췄다.

_____

2 그녀는 피아노 치는 것을 멈췄다.

_____

3 나는 내 방에 불을 끄는 것을 잊어버렸다. (turn off the light)

_____

4 나는 내 방에 불을 끈 것을 잊어버렸다.

_____

5 그 여행가는 시골에 갈 것을 기억하고 있다. (traveler, go to the countryside)

_____

6 그 여행가는 시골에 갔던 것을 기억하고 있다.

_____

7 그녀는 그 회사에 입사하게 되는 것을 유감스러워한다. (join the company)

_____

8 그녀는 그 회사에 입사했던 것을 후회한다.

_____

9 Paul은 그 작은 바지를 입기 위해 노력했다. (put on the small pants)

_____

10 Paul은 그 작은 바지를 시험 삼아 입어봤다.

_____

Actual Test ☆☆

What's your score? O 개 X 개

다음 괄호 안의 주어진 단어를 이용하여 문장을 완성하세요.

1 나는 그 영화를 보는 것을 간절히 기대하고 있다. (look forward to, see)

_____

2 그는 온종일 낚시를 계속했다. (continue, all day long)

_____

3 나는 빗속에서 운전하는 것을 좋아한다. (drive)

_____

4 Edison은 시험 삼아 알 위에 앉아 보았다. (egg, sit on)

_____

5 그는 나와 이야기했던 것을 기억했다. (talk with me)

_____

6 지수(Jisu)는 건전지를 사는 걸 잊어버렸다. (batteries)

_____

7 지수(Jisu)는 건전지를 샀던 것을 잊어버렸다.

_____

8 그 잠수부들은 더 많은 사람을 구출하지 못했던 것을 후회했다. (divers, rescue)

_____

9 그는 갑자기 피아노 연주를 멈췄다. (suddenly)

_____

10 그들은 무사히 집에 돌아가기를 고대하고 있다. (safely, return home)

_____

New Words

hate 몹시 싫어하다 | continue 계속하다 | loudly 큰 소리로 | turn off (불을) 끄다 | traveler 여행가 | join a company 회사에 입사하다 | put on ~을 입다 | pants 바지 | all day long 온종일 | drive 운전하다 | egg 알 | sit 앉다 | battery 건전지 | diver 잠수부 | rescue 구출하다 | suddenly 갑자기 | safely 무사히, 안전하게 | return 돌아오다

Review Test

1~10) 다음 빈칸에 들어갈 알맞은 단어를 적으세요.

1. 나는 말을 타는 것을 싫어한다.

   I _____ _____ a horse.

2. 그는 빠른 속도로 운전하는 것을 계속했다.

   He _____ _____ at high speed.

3. 서로 사랑하는 것은 중요하다.

   _____ _____ one another is important.

4. 그녀는 얘기할 누군가가 필요하다. (someone, 형용사적 용법)

   She needs _____ _____ talk _____.

5. 그는 좋은 기억을 간직하기 위해 매일 일기를 쓴다. (부사적 용법 – 목적)

   He writes in his diary every day _____ _____ good memories.

6. 그 개가 물을 그렇게 많이 마시는 것을 보니 목이 마른 것이 틀림없다. (부사적 용법 – 판단의 근거)

   The dog must be _____ _____ drink so much water.

7. 그들이 거주할 아늑한 집을 샀다. (cozy, 형용사적 용법)

   They _____ a _____ house _____ live _____.

8. 우리의 임무는 어린이들을 보호하는 것이었다. (protect)

   Our duty _____ _____ _____ children.

9. 너의 숙제는 컴퓨터 게임을 하지 않는 것이다.

   Your homework _____ _____ playing computer games.

10. 이 오이는 먹기에 충분히 신선하지 않다. (부사적 용법 – 정도)

    This cucumber _____ not fresh enough _____ _____.

(11~20) 다음 괄호 안의 주어진 단어를 이용하여 문장을 완성하세요.

11 그녀는 주말마다 쇼핑하러 가는 것을 좋아한다. (go shopping, on weekends)

12 그녀는 그 교수님에게 전화할 것을 잊어버렸다. (professor)

13 그는 나의 생일을 축하하기 위해 나에게 많은 선물을 사주었다. (buy, a lot of, celebrate)

14 그 어린 소년은 자라서 영화배우가 되었다. (little, grow up, movie star)

15 아빠는 새 차를 살 것을 학수고대한다. (look forward to)

16 나의 사촌 중 한 명은 함께 놀 친구를 찾지 못했다. (couldn't, one of my cousins, find, with)

17 나는 10년 전에 그에게 십만 원을 빌려 주었던 것을 기억한다. (lend, 100,000 won, ago)

18 그녀의 이메일 주소를 모르는 것은 중요하지 않다. (not, email address, important)

19 그는 살을 빼려고 노력했다. (lose weight)

20 이 물은 마시기에 안전하지 않다.

Ready for Exams*

[01~02] 다음 우리말과 같은 뜻이 되도록 주어진 단어를 바르게 배열하여 영작하시오.

01

맛있는 음식을 먹는 것은 나에게 큰 기쁨이다.
(delicious, food, eat, to, a, big, to, me, is, pleasure)

→ _____

_____

02

우리는 일요일마다 축구 하는 것을 즐긴다.
(we, Sundays, enjoy, soccer, playing, on)

→ _____

_____

[03~04] 다음 괄호 안에 주어진 단어와 조건을 활용하여 밑줄 친 우리말을 바르게 영작하시오.

03

그는 다음 주에 부산에 갈 것을 기억한다.
(remember, Busan, next, week)

조건1 to부정사를 사용할 것.
조건2 8단어로 쓸 것.

→ _____

_____

04

운동을 하지 않는 것은 건강에 좋지 않다.
(exercise, for, health)

조건1 동명사의 부정형을 사용할 것.
조건2 7단어로 쓸 것.

→ _____

_____

05 다음 대화를 읽고 주어진 단어를 활용하여 밑줄 친 우리말을 바르게 영작하시오.

M : You look very tired today.
W : Oh, I finished the marathon this morning.
M : Cool! Was there any problem?
W : 나는 마실 차가운 무언가가 필요했어. (cold)

→ _____

_____

06 다음 중 어법상 또는 의미상 <u>어색한</u> 문장을 모두 찾아 그 기호를 쓰고, 바르게 고쳐 문장을 다시 쓰시오.

ⓐ I want to take a good rest.
ⓑ They like visiting museums.
ⓒ He bought a nice house to live.
ⓓ It is not easy to exercising every day.
ⓔ I am looking forward to go to Jeju Island.

(1) (   )
→ _____

_____

(2) (   )
→ _____

_____

(3) (   )
→ _____

_____

Final Test

Final Test ❶

(1~10) 다음 빈칸에 들어갈 알맞은 단어를 적으세요.

❶ 어떤 나라들에서는 왼손으로 음식을 먹는 것이 예의 바르지 않는 것이다.

It _____ _____ polite _____ eat food with the left hand in some count

❷ 너는 작년에 크리스마스 선물로 무엇을 받았니?

_____ _____ you get for Christmas _____ year?

❸ Jake는 노래를 정말 잘한다, 그렇지 않니?

Jake _____ very well, _____ _____ ?

❹ Susan은 Tom만큼 키가 크다.

Susan _____ _____ tall _____ Tom.

❺ 그는 혼자서 그 컴퓨터를 고칠 수 있었니?

_____ he _____ _____ fix the computer by _____ ?

6 우리는 오후에 이 사무실을 청소해야 한다.

We _____ clean up this office _____ _____ afternoon.

7 모든 사람들이 그가 천재라는 것을 믿는다.

Everyone _____ _____ he is a genius.

8 이건 정말 환상적인 아이디어야!

_____ _____ fantastic idea _____ _____!

9 많은 책을 읽어라. 그러면 너는 글쓰기를 잘할 것이다.

_____ a lot of books, _____ you will be _____ at writing.

10 내가 오늘 집에 머물러야 하나요?

_____ I _____ _____ stay _____ home today?

Final Test ❶

(11~20) 다음 빈칸에 들어갈 알맞은 단어를 적으세요.

11 나는 내년에 미국으로 이사 갈 계획이다.

I plan _____ _____ to America _____ year.

12 그녀는 도서관에서 공부할 예정이니?

_____ she _____ _____ study _____ the library?

13 나는 여동생이 집에 오기 전에 저녁을 먹지 않을 것이다.

I _____ eat dinner _____ my younger sister _____ home.

14 그들의 자선 콘서트에 가자, 그렇게 할까?

_____ go to their charity concert, _____ _____?

15 이 스파게티 정말 맛있구나!

_____ delicious _____ spaghetti _____!

6 서울은 대한민국에서 가장 바쁜 도시이다.

Seoul is _____ _____ city _____ Korea.

7 가장 어려운 결정은 그녀의 제안을 거절하는 것이다. (hard)

_____ _____ decision is _____ refuse _____ suggestion.

8 너의 동전들을 이 돼지 저금통에 넣어라. 그렇지 않으면 내가 그것들을 가져갈 것이다.

_____ your coins in this piggy bank, _____ I will take _____.

9 적도는 지구 위에서 가장 더운 장소이다.

The equator is _____ _____ place on the Earth.

10 너희들은 오늘 숙제를 할 필요가 없다.

You _____ _____ to do your homework today.

Final Test ❷

(1~20) 다음 괄호 안의 주어진 단어를 활용하여 문장을 완성하세요.

❶ 너는 어제 어디에 있었니?

_____

❷ 그녀는 나보다 더 영리하다. (smart)

_____

❸ 그는 두 개의 자전거를 샀다. 하나는 빨간색이고, 다른 하나는 파란색이다.

_____

❹ 다큐멘터리를 보는 것은 흥미롭다. (watch, interesting, documentaries)

_____

❺ 너는 내일 무엇을 할 예정이니?

_____

6 Scarlet은 내일 Kevin과 만나는 것을 기억하고 있다. (see)

_____

7 가장 심각한 문제는 그녀가 그 열쇠를 가지고 있지 않다는 것이다. (serious, that)

_____

8 어제 그 공원에는 사람들이 거의 없었다. (there)

_____

9 컴퓨터 게임을 한 시간 이상 하지 마, 그럴 거지? (for over an hour)

_____

10 애벌레들은 항상 나비로 변화하는 것을 희망한다. (caterpillars, turn into, butterflies)

_____

Final Test 2

11 그는 왜 겨울에 바다로 가니?

_____

12 그는 새 신발을 살 돈을 벌기 위해 열심히 일했다. (make money)

_____

13 너는 새 컴퓨터를 사는 게 어때? (why)

_____

14 나는 어제 두 권의 책을 읽었다. 하나는 만화책이었고, 다른 하나는 소설이었다. (novel)

_____

15 이 자전거는 저 컴퓨터보다 더 비싸다.

_____

이 피자를 먹는 데 5분이 걸린다. (eat)

_____

그는 방과 후에 두 잔의 오렌지 주스를 마셨다.

_____

이것들은 우리의 연필들이고, 저것들은 그의 가방들이다.

_____

이 소식이 사실일 리가 없다.

_____

그는 시간이 거의 없었음에도 불구하고 그녀를 세 시간 동안 도왔다.

_____

MEMO

제대로 영작문

2　기본

DARAKWON

Chapter 1

be동사와 일반동사

UNIT 01 be동사 am, are, is

Simple Test   p.10

1 I am a tall boy.
2 I am not a tall boy.
3 They are in the living room.
4 They aren't in the living room.
5 He is sad.
6 He is not sad.

Practice Test   p.11

1 He is in the park.
2 My uncle is a doctor.
3 Our teacher is not (= isn't) ugly.
4 Their younger brother is not (= isn't) in Seoul.
5 The monkeys are hungry.
6 The soccer players are not (= aren't) here now.
7 He is at the amusement park now.
8 The tall man is my neighbor.
9 Are the giraffes under the tree?
10 A: Are the children kind?
   B: No, they aren't, but they are honest.

Actual Test   p.12

1 A: Isn't he a doctor?
   B: Yes, he is.
2 A: Aren't the hunters in the forest?
   B: No, they aren't.
3 Are there a lot of people at the stadium?
4 Are we at the top of this building?

5 My friend Kevin is a very special boy.
6 Are they great musicians?
7 A: Aren't you hungry?
   B: Yes, I am.
8 He is in the library.
9 James, John, and Paul are good friends.
10 Three puppies are in the yard. (= There are three puppies in the yard.)

UNIT 02 일반동사

Simple Test   p.13

1 Tom and Jerry like hide-and-seek.
2 David plays soccer every Sunday.
3 Jeongmin goes to school by bus.
4 Minsu carries many boxes in the factory.

Practice Test   p.14

1 We eat [have] lunch at the restaurant once a week.
2 He does his homework hard.
3 They visit their uncle every weekend.
4 Two hungry lions rush to a deer.
5 She likes to go shopping.
6 They want to buy my house.
7 Our English teacher always carries a red pencil.
8 That old monkey eats peanuts well.
9 Your friend John has my camera.
10 The girls like horror movies.

Actual Test   p.15

1 The man runs in the park every morning.
2 They want to buy an expensive car.
3 Sam wants to be a great soccer player.
4 We wash our uncle's car once a week.
5 He cooks something in the kitchen every evening.
6 The teacher stands in front of the class every morning.

7   He takes a walk after lunch every day.

8   She teaches English at school.

9   Patrick works at the post office.

10 She speaks five languages.

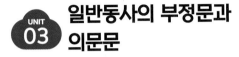 일반동사의 부정문과 의문문

Simple Test

p.16

1   I don't eat fish in summer.

2   She doesn't drink cold milk.

3   The company doesn't produce the product any more.

4   Does the musician perform on the street?

5   A: Don't you go to school today?
    B: No, I don't.

Practice Test

p.17

1   We don't (= do not) eat breakfast once a week.

2   She doesn't (= does not) draw pictures with a pencil.

3   They don't (= do not) stay at home during summer vacation.

4   Do they sell delicious hamburgers?

5   Does she like to read comic books?

6   Do you collect special coins?

7   Does she take care of her younger brothers well?

8   A: Does she earn much money?
    B: No, she doesn't.

9   A: Do the boys like to sit on the bench?
    B: Yes, they do.

10 A: Don't the girls like to play in the garden?
    B: No, they don't.

Actual Test

p.18

1   A: Don't they watch action movies?
    B: Yes, they do.

2   They don't (= do not) eat expensive food.

3   At school, Jennifer doesn't (= does not) text

---

her mom.

4   Does she have to go to Busan now?

5   Do many people have dinner at the restaurant?

6   A: Does he ride his bicycle [bike] every day?
    B: No, he doesn't.

7   She doesn't have a lot of shoes.

8   A: Does Daniel wash his face every day?
    B: Yes, he does.

9   Do they want more rest?

10 A: Do they listen to classical music?
    B: Yes, they do.

UNIT 04 현재진행형

Simple Test

p.19

1   I am playing a computer game.

2   Are you having dinner?

3   She is not taking pictures.

4   A: Is he singing?
    B: No, he isn't.

Practice Test

p.20

1   We are eating pizza in the kitchen.

2   The oil is spreading on my desk.

3   He is selling two cars now.

4   She is making a small chair.

5   A: Is she crying now?
    B: Yes, she is.

6   A: Are they playing soccer now?
    B: No, they aren't.

7   Is she listening to music in her room?

8   Scott isn't (= is not) swimming in the pond.

9   Are the students lying?

10 A: Is he doing his homework?
    B: No, he isn't.

Actual Test

p.21

1   She is dividing the cake into three.

2   The jet is flying over the sea.

3 Are the cats eating fish now?
4 The tennis player is grabbing his racket.
5 Patrick is sending an email to John.
6 The man is watching a basketball game in Suwon.
7 Are you telling me the truth?
8 Jin and Jen are buying fresh fruits.
9 He was exercising at the gym.
10 I will be waiting for you at noon.

Review Test p.22

1 James and Tommy are very smart boys.
2 One of my friends is a famous soccer player.
3 His nickname was "Frog" at that time.
4 The cats were in the kitchen.
5 Does the puppy sleep in your bed?
6 Does the monkey like bananas?
7 We only have two apples.
8 Does she drink coffee every morning?
9 My son doesn't like candies.
10 Don't you want more freedom?
11 Are the singers singing on the stage now?
12 He is not (= isn't) going to China now.
13 Her retirement is making a lot of (= lots of = many) people sad.
14 My sister does not (= doesn't) do the dishes.
15 Does your mother watch TV in the evening?
16 The sun rises from the east.
17 A: Isn't she your English teacher?
   B: Yes, she is.
18 They don't own a house.
19 My boss plays golf every Saturday (= on Saturdays).
20 My friend Robin lives in LA.

Ready for Exams p.24

01 They are not our enemies any more.
02 Does she like to go skiing in winter?
03 The man is reading a history book in his room.

04 She doesn't like to stay at home on weekends.
05 Yes, I am.
06 (1) ⓐ, I dance very well.
   (2) ⓓ, Don't they want a new house?
   (3) ⓔ, Some people don't want to eat a lot.

Chapter **2**

동사의 시제

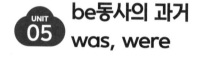

UNIT 05 be동사의 과거 was, were

Simple Test p.26

1 He was there yesterday.
2 Peter wasn't a doctor last year.
3 Was she in her office two hours ago?
4 Weren't they sad in the hospital yesterday?
5 He wasn't an engineer. He was a teacher.

Practice Test p.27

1 He was not (= wasn't) in Seoul last week.
2 Were they soccer players?
3 Wasn't there a cat in the kitchen?
4 The movie was very boring.
5 Weren't the soldiers your enemies?
6 My grandfather was a good history teacher.
7 Was your nickname "giraffe" at that time?
8 Weren't you hungry without food?
9 He was a brave soldier.
10 An angel was next to me in my dream.

Actual Test p.28

1 Were you at your uncle's house yesterday?

2 Were you his best friend in Canada?

3 John was not (= wasn't) a strict person five years ago.

4 Weren't the farmers tall?

5 Was he a good police officer?

6 Were you in the classroom at that time?

7 Weren't the children quiet?

8 He was not (= wasn't) a cruel person.

9 Weren't they on the boat?

10 It was an important experience.

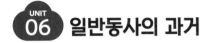 UNIT 06 일반동사의 과거

Simple Test

p.29

1 Many children visited the museum.

2 My mom bought a small bag at the department store.

3 He didn't play tennis last week.

4 Did Kevin invite her to his birthday party?

5 Didn't the painter draw this?

Practice Test

p.30

1 The boy carried three boxes at the same time.

2 They played baseball last Saturday.

3 My mom baked some bread in the kitchen two hours ago.

4 The cats brought big fish.

5 My team won the game last week.

6 Did your team lose the game?

7 The hunters didn't (= did not) see any bears in the forest.

8 A: Didn't you do your homework yesterday?
  B: Yes, I did.

9 Did the architect build a lot of (= lots of) houses last year?

10 She didn't (= did not) play the piano with us.

Actual Test

p.31

1 Didn't she pass the audition yesterday?

2 James did not (= didn't) bring his pencil case

today.

3 Steve did not (= didn't) go to church last Sunday.

4 Didn't the musicians play various instruments?

5 The lawyer did not (= didn't) treat many things at a time.

6 They did not (= didn't) participate in the meeting.

7 Didn't he take pictures yesterday?

8 A: Didn't you bring your umbrella?
  B: Yes, I did.

9 They did not (= didn't) release the final result yesterday.

10 They survived the war and returned home.

 UNIT 07 미래시제 will

Simple Test

p.32

1 I will call you this afternoon.

2 They will solve this problem.

3 I will not go there.

4 She won't eat the apple.

5 Will Tom send Angela an email?

Practice Test

p.33

1 They will help a lot of people here.

2 We will eat some fried chicken in your house tomorrow.

3 We won't (= will not) eat pizza for lunch.

4 Will he sing the song for the first time?

5 I won't (= will not) go to the restaurant again.

6 Will you go to the zoo next Saturday?

7 He will buy you flowers tomorrow.

8 Will you spend all of your money there?

9 The princess won't (= will not) marry the prince.

10 The dentist will take part in the conference this weekend.

Actual Test
p.34

1 Many soccer players will hold an autograph signing session next Wednesday.
2 Will you go abroad someday?
3 They won't (= will not) donate to the art gallery.
4 Will the baby have [drink] milk on time?
5 Will it rain tomorrow?
6 Will you buy those beautiful flowers?
7 Will he come back tomorrow?
8 She won't (= will not) see you.
9 He will move to Jamsil next week.
10 It will cost ten dollars.

UNIT 08 미래시제 be going to

Simple Test
p.35

1 My father is going to sell his farm.
2 She isn't going to study at the library.
3 Is he going to go to Daegu tomorrow?
4 We are going to finish this project by tomorrow.

Practice Test
p.36

1 My older brother is going to enter the military next spring.
2 The soccer player is going to retire in two years.
3 We are going to have dinner at the restaurant.
4 I am going to study hard for the final exam.
5 Are you going to wash your father's car?
6 He is going to have a big party on Christmas day.
7 My best friend Sam is going to sing a song for my mother.
8 I am not going to give you a lot of money for the trip.
9 Brian is going to remain the children's good friend next year.

10 I am going to send a package to a friend in America tomorrow.

Actual Test
p.37

1 Are you going to join the reading club next year?
2 My parents are going to take us to the zoo tomorrow.
3 Is the government going to provide homeless people with new houses?
4 Is he going to sell a lot of fish at the traditional market today?
5 The tennis player is not (= isn't) going to throw his racket again during the game.
6 Are you going to marry Billy?
7 They are going to invite old friends to their house.
8 Are you going to leave tomorrow?
9 Is he going to run his father's company?
10 A famous singer is going to throw the first pitch at Jamsil Ballpark tomorrow.

Review Test
p.38

1 Are you going to buy her a pair of gloves this winter?
2 I didn't know much about my uncle Steve when I was young.
3 Will you buy your science teacher the book?
4 Didn't they stop fighting each other?
5 Weren't you in Busan last year?
6 Many students didn't do their homework yesterday.
7 They didn't go skiing last winter vacation.
8 I won't invite Terry to my birthday party.
9 He is going to buy a new camera soon.
10 The soccer team isn't going to sign any new players for the next season.
11 The boss will give them important roles.
(= The boss is going to give important roles to them.)
12 Ben sent an email to his homeroom teacher.
(= Ben sent his homeroom teacher an email.)

13 He didn't (= did not) lose his key.

14 The teacher isn't (= is not) going to ask easy questions. (= The teacher won't (= will not) ask easy questions.)

15 Love will cover every fault. (= Love is going to cover every fault.)

16 Did you eat [have] breakfast this morning?

17 My laptop computer didn't (= did not) work yesterday afternoon.

18 I will win the race tomorrow. (= I am going to win the race tomorrow.)

19 The doctor took good care of the old patient.

20 Wasn't Paul on the second floor two hours ago?

Ready for Exams
p.40

01 Was he excited at the concert yesterday?

02 She didn't buy a plane ticket last Saturday.

03 The professor planned a new project.

04 They will move to America next year.

05 I am going to visit a museum.

06 (1) ⓑ, Is he going to wash his car?

(2) ⓒ, We were very young at that time.

(3) ⓔ, He carried a lot of boxes.

Chapter **3**

의문사

UNIT 09 be동사의 의문사 있는 의문문

Simple Test
p.42

1 Where is your hometown?

2 What are these tools?

3 How are your grandparents?

4 When was her baby's second birthday?

5 Who will be her roommate?

Practice Test
p.43

1 When is the test day?

2 How was the movie?

3 Where are you going to be next year? (= Where will you be next year?)

4 Where was Jacob's well?

5 Why was Jinsu alone in the classroom yesterday?

6 Who will be your business partner? (= Who is going to be your business partner?)

7 Why is he going to be late for school tomorrow?

8 Who was on the stage yesterday?

9 What was your report about?

10 Who were the main characters of the book?

Actual Test
p.44

1 Which of these two is going to be your team uniform?

2 Why aren't you kind to the woman?

3 What was your birthday present?

4 How was the weather in Busan yesterday?

5 Who will be the last singer of this concert? (= Who is going to be the last singer of this concert?)

6 When was her exhibition?

7 When is his vacation?

8 How was the applicant's physical condition?

9 Why were they so angry?

10 Who is in the kitchen now?

UNIT 10 일반동사의 의문사 있는 의문문

Simple Test
p.45

1 Why do you like Coke?

2 Where did he buy the pizza?

3 When will you sell your car?

4 Why <u>does</u> he like to do the dishes?

Practice Test p.46

1 How long does it take from Seoul to Busan by train?
2 When did she leave her hometown?
3 What did this baby eat two hours ago?
4 Where are you going to go tomorrow?
5 How often does she stop by this beauty salon?
6 Which (one) do you like better, summer or winter?
7 How many times did he call her?
8 How did they solve the problem?
9 When did the thief steal his car?
10 Which office are you going to use?

Actual Test p.47

1 Who will hang a bell around the cat's neck? (= Who is going to hang a bell around the cat's neck?)
2 When are you going to finish your project? (= When will you finish your project?)
3 When did you read the novel?
4 Where did Jolly live in the story?
5 Why does she talk to the principal directly?
6 What do you like to do during recess?
7 Why do you eat ice cream every day?
8 Why does he live alone in the forest?
9 When did he review your report?
10 Why didn't you check the weather?

Review Test p.48

1 <u>When</u> did he <u>move</u> to the city?
2 <u>When will</u> you marry her?
3 <u>How</u> <u>did</u> the old computer <u>run</u>?
4 <u>Which</u> one <u>did</u> he <u>choose</u> for our uniform?
5 <u>Why</u> <u>does</u> Jin <u>go</u> to school on foot?
6 <u>Where</u> <u>was</u> your camera at that time?
7 <u>Why</u> <u>do</u> you <u>like</u> to go to the beach in winter?

8 <u>How</u> <u>far</u> <u>is</u> his school from his house?
9 <u>What</u> <u>will</u> you do tomorrow?
10 <u>How</u> <u>long</u> <u>does</u> it <u>take</u> from Seoul to Paris by plane?
11 When does he get his salary?
12 When do they open the store?
13 Why did she move to Seoul?
14 Why did the boy give up being a pilot?
15 What does he usually do in his free time?
16 Why do they have to wait for ten visitors?
17 Why didn't you bring your textbook?
18 When is he going to come back from America?
19 When will it rain? (= When is it going to rain?)
20 When is John going to start to learn Japanese?

Ready for Exams p.50

01 Why were they in the office yesterday?
02 How did the wizard run away from the castle?
03 What time does she get up every morning?
04 Where is your cousin going to study this weekend?
05 Who made
06 (1) ⓐ, How tall are the trees? 또는 How tall is the tree?
     (2) ⓒ, Where did he stay last night?
     (3) ⓓ, When will you go there? 또는 When are you going to go there?

Chapter **4**

명사, 대명사, 관사

UNIT 11 명사

Simple Test
p.52

1 I have a big cat.
2 She drinks two cups of coffee a day.
3 Three men saw two wolves in the forest.
4 My dream is to be a scientist.

Practice Test
p.53

1 The baby drank two bottles of milk today.
2 He has bread and milk for breakfast.
3 The most important thing in my life is love.
4 I saw a lot of deer here five minutes ago.
5 The children will (= are going to) go to the amusement park next week.
6 Boston is my favorite city.
7 The gentlemen gave the ladies some presents. (= The gentlemen gave some presents to the ladies.)
8 They brought many knives to cut the meat.
9 There are eight benches in the park.
10 The men bought two pianos for a small church.

Actual Test
p.54

1 Our team won the game last week.
2 There are many (= a lot of = lots of) sheep and deer on the ranch.
3 Will you take some photos for us?
4 Love covers a lot of (= lots of = many) mistakes.
5 Those are two pairs of new shoes.
6 I saw many (= a lot of = lots of) fish at the aquarium yesterday.
7 His dream is to be a musician.
8 Give us three loaves of bread, please.
   (= Give three loaves of bread to us, please.)
9 He drank three cups of coffee yesterday.
10 Mist covered the whole city this morning.

UNIT 12 대명사

Simple Test
p.55

1 Give it to me.
2 She saw herself in the mirror.
3 He has a new chair. I need one like his.
4 He has two cars. One is white, and the other is black.

Practice Test
p.56

1 This is not hers but theirs.
2 Are these your bags?
3 The doctor has two sons. One is tall, and the other is small.
4 He cleaned up the big office by himself.
5 Those are my pets, and these are Sam's (pets).
6 Some people like summer, and others like winter.
7 I bought a new bicycle [bike]. My younger brother also likes it.
8 Sorrow passes by of itself.
9 My dad bought me new dolls. (= My dad bought new dolls for me.) I like them very much.
10 Heaven helps those who help themselves.

Actual Test
p.57

1 Some people are good at singing, and others are poor at singing.
2 Between these two, one is yours, and the other is mine.
3 I forgot to bring my cell phone. I will go and get it.
4 She always enjoys herself at parties.
5 No one ate the old bread.
6 This is hers, and that is his.
7 I have two dogs. Every morning, I take them for a walk.
8 People see themselves in the mirror every day.

9 There are two tables in the living room. One is round, and the other is rectangular.

10 No one took those shoes.

UNIT 13 비인칭주어, 관사

Simple Test
p.58

1 I played the guitar for her.
2 It is already summer.
3 The moon is very bright today.
4 He ran for an [one] hour.

Practice Test
p.59

1 The tree on that hill is very old.
2 I go to school by bus every day.
3 It takes over an hour to go from Bundang to Ilsan by car.
4 I live on the third floor.
5 It will be sunny tomorrow.
6 The biggest city in the world is New York.
7 The water in this bottle is very cold.
8 It's (= It is) very far from Korea to Brazil.
9 The sun was hot, and the sea was wide.
10 It'll (= It will) take about 30 minutes to fix this machine.

Actual Test
p.60

1 It takes about two hours to finish my homework every night.
2 How long does it take from here to City Hall by car?
3 Pass me the ball. (= Pass the ball to me.)
4 It's (= It is) Sunday. Let's go to the park.
5 It takes a long time to pack them.
6 It's (= It is) very dark in this room.
7 I really want to buy a new bicycle.
8 The flowers in this vase are very beautiful.
9 Love is the most important thing in this world.
10 It's (= It is) time to take a nap.

Review Test
p.61

1 There are two cups of coffee on the table.
2 It will rain tomorrow.
3 This is the highest building in the world.
4 He has two books. One is an English book, and the other is a comic book.
5 Can you give me two sheets [pieces] of paper?
6 Are these theirs?
7 It's very hot at the top of this mountain.
8 Some people like soccer, and others like baseball.
9 These apples are very delicious. Try those ones, too.
10 I have an hour break from now. I will play the guitar.
11 These are his favorite toys, and those are her favorite dolls.
12 Are those bananas fresh?
13 The door opens of itself once a day.
14 The most expensive dish in the restaurant is our favorite (one).
15 Katie got a new pair of socks for her birthday.
16 Success doesn't (= does not) wait for lazy people.
17 He has two keys. One is for his office, and the other is for his car.
18 She left for Canada by plane yesterday.
19 We have to do our best for ourselves.
20 Some people like chicken, and others like pizza.

Ready for Exams
p.63

01 He drank a glass of milk this morning.
02 It takes five minutes to school by bicycle.
03 He has two sons. One is tall, and the other is smart.
04 That tree is the oldest in my town.
05 It was sunny and warm all day.
06 (1) ⓐ, He had a lot of (= lots of) money at that time.

(2) ⓑ, They could survive by themselves.

(3) ⓒ, I lost my pen. I have to buy a new one.

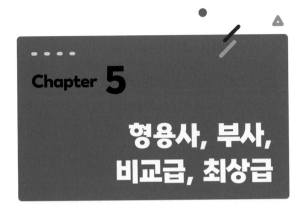

Chapter 5

형용사, 부사, 비교급, 최상급

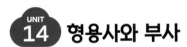

UNIT 14 형용사와 부사

Simple Test   p.66

1 He saw a special concert yesterday.
2 Is there anything new?
3 There is little coffee in your cup.
4 She often goes to the gym.
5 A lot of people got together to see him.

Practice Test   p.67

1 There was a lot of (= lots of) chocolate in the factory.
2 The twins always get up late in the morning.
3 I sometimes play soccer with my friends.
4 She smiled beautifully on the stage.
5 Some (= A few) scientists did a new experiment yesterday.
6 There are few students at school now.
7 She never drinks milk.
8 There is little bread left at the bakery today.
9 David hardly (ever) arrives here in time.
10 There is plenty of plankton in the sea.

Actual Test   p.68

1 A little water is enough for us.
2 He always drinks Coke after meals.

3 There was nothing new at the museum.
4 The early bird catches the worm.
5 The woodcutter got ready to chop the tree.
6 There is nothing wrong with your report.
7 The actress looked beautiful in her new dress.
8 There is little milk in the bottle.
9 She usually plays the guitar after school.
10 I have little money in my wallet.

UNIT 15 비교급과 최상급

Simple Test   p.69

1 My younger brother's feet are bigger than mine.
2 Seoul is the busiest city in Korea.
3 The cat is as big as my dog.
4 She is not as [so] fast as Yeongeun.
5 He carried as many boxes as possible.

Practice Test   p.70

1 Yejin is the prettiest student in her school.
2 Jongu is the most reliable boy in my class.
3 Junyeong is as creative as Steve Jobs.
4 Yujin is the kindest student in her city.
5 Sohui is the most beloved girl in the world.
6 Yuri is the smartest student in her school.
7 Subin is the happiest girl in the world.
8 Jaehun is more popular than anyone in his school.
9 Taehwan is the coolest boy in his city.
10 They are not as [so] fair as the judge.

Actual Test   p.71

1 Ujin studied as hard as possible, so he became a scientist.
2 His voice is not as [so] good as Tom's (voice).
3 The shrimp was as big as a hotdog.
4 He finished his homework as fast as possible. (= He finished his homework as

fast as he could.)

5 Jeju Island is the most beautiful island in the world.

6 Changgyun will be the greatest pianist in the future.

7 Jinyeong is the most good-looking boy in his school.

8 Minjae prepared for the audition as hard as possible.

9 His painting is not so beautiful as hers.

10 Daniel is stronger than Andrew.

Review Test
p.72

1 Mom patted the puppy softly.
2 The ostrich was as fast as a cheetah.
3 This is the oldest castle in the world.
4 It's hot. Give me something cool.
5 A lot of rain fell yesterday.
6 There are few people in the theater now.
7 There will be few half-off coupons given out on the website tomorrow.
8 We always go to church on Sundays.
9 He wanted to leave the jungle as soon as possible.
10 The book is not as [so] boring as the movie.
11 The soldiers didn't have plenty of food.
12 King Sejong was the most wonderful king in Korean history.
13 My bicycle [bike] is nicer than yours.
14 They often visit their grandparents.
15 There is little air in this room now.
16 He is always humble.
17 He plays tennis better than Jeonghyun.
18 He always gives wrong answers in class.
19 The strong should help the weak.
20 The flea jumped as high as possible.

Ready for Exams
p.74

01 Luke is as smart as a computer.
02 There are few books in his bag.

03 They walked as slowly as possible.
04 My friend Minseo is the tallest boy in my school.
05 It is not as [so] expensive as yours.
06 (1) ⓑ, He will never get up early.
　 (2) ⓒ, Is there something cold to drink?
　 (3) ⓓ, She is nicer than Jane.

Chapter 6

조동사

UNIT 16 can, be able to, will, be going to

Simple Test
p.76

1 I can throw this ball far away.
2 Would [Could] you take a picture of me?
3 She will be able to ride a bicycle next year.

Practice Test
p.77

1 What time will you have dinner today?
2 He could study for five hours yesterday.
3 They will be able to climb the mountain.
4 Would [Could] you lend me your umbrella for a while? (= Would [Could] you lend your umbrella to me for a while?)
5 I won't (= will not) be angry again.
6 The bank is going to close at 4 p.m.
7 Couldn't they move on the bus?
8 The woodcutter could (= was able to) chop the big tree down at a time.
9 Her husband is going to take her painting to France tomorrow.
10 Could you tell me the truth?

Actual Test
p.78

1 He will be able to submit his report by tomorrow.
2 I am going to do the dishes instead of Mom this evening.
3 Would [Could] you wait for the boss here?
4 He would fly kites in this park when he was young.
5 I won't (= will not) make a mistake again.
6 They were able to dance for a long time then.
7 He would stay at home when it rained.
8 I was going to take the earliest bus.
9 We are going to go to Canada next week.
10 Could you send me an email? (= Could you send an email to me?)

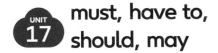

UNIT 17 must, have to, should, may

Simple Test
p.79

1 You should [must] apologize to your friend Tommy.
2 Does he have to solve this problem?
3 You don't have [need] to read to the book now.
4 Parents may come to our school today

Practice Test
p.80

1 Why do I have to buy these expensive shoes?
2 You don't have to (= don't need to = need not) take care of your younger brother today.
3 Sam had to go to the library yesterday.
4 May I drive your car?
5 He can't (= cannot) be a thief.
6 You must not (= mustn't) go through for a red light.
7 Should I throw away this trash now? (= Should I throw this trash away now?)
8 This movie must be boring.

9 She may not study Japanese during this vacation.
10 We don't have to (= don't need to = need not) have dessert now.

Actual Test
p.81

1 You don't have to (= don't need to = need not) worry about bad weather.
2 Does he have to open a savings account?
3 Dad may not give you pocket money. (= Dad may not give pocket money to you.)
4 It can't (= cannot) be a diamond.
5 They had to cross the river before sunset.
6 We shouldn't (= should not) be rude to the old.
7 You must stop fighting.
8 She may not see you again.
9 You don't need to wait for them.
10 She had to give it up.

Review Test
p.82

1 You mustn't [shouldn't] go to a strange place by yourself.
2 Would [Could] you give me a glass of mango juice?
3 May [Can] I check my email during break time?
4 The ballerina must be graceful on the stage.
5 It stopped raining. She didn't have [need] to buy a new umbrella.
6 Do I have to give the coupon back?
7 His lecture can't (= cannot) be boring. He is really funny.
8 Harry is very upset. He may not talk to me again.
9 He was able to escape from the prison two days later.
10 My younger brother still likes toy cars. He will buy some toy cars again.
11 Would [Could] you do me a favor?
12 They had to play soccer in the rain.
13 You don't have to (= don't need to = need not) work over nine hours a day.

14 Call him. He may be waiting for your call.

15 I mustn't (= must not) eat anything because of my medical check-up tomorrow.

16 No one will be able to use computers tomorrow.

17 You will certainly succeed within three years.

18 Would [Could] you send me the packages next week? (= Would [Could] you send the packages to me next week?)

19 He was able to (= could) wash his car pleasantly thanks to the good weather.

20 We are going to go to Luna's favorite restaurant for dinner today.

Ready for Exams   p.84

01 Ben is able to fix the machine.

02 We are going to play badminton tomorrow.

03 She doesn't have to do her homework today.

04 The scientists had to give up their plan.

05 She may not come today.

06 (1) ⓐ, He will be able to carry the box.
또는 He will carry the box. / He can carry the box.

(2) ⓑ, She doesn't need to go there.

(3) ⓔ, Should I study for two hours?

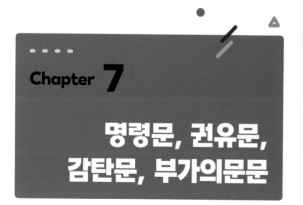

Chapter **7**

명령문, 권유문, 감탄문, 부가의문문

UNIT 18 명령문과 권유문

Simple Test   p.86

1 Don't go to a dangerous place.

2 Exercise every day, and you won't catch a cold.

3 Brush your teeth after eating something, or you get cavities.

Practice Test   p.87

1 Don't make promises too easily.

2 Be diligent, and you will succeed.

3 Let's go to the sea this weekend.

4 How about listening to classical music?

5 Don't do too many things at the same time.

6 Look at me, and tell me the truth.

7 Let's breathe in some fresh air.

8 Read many books, and you will get a book coupon.

9 Why don't you spend some time for yourself?

10 Be confident, and you will get a good result.

Actual Test   p.88

1 Don't give up. We can win this game.

2 Why don't you share your snacks with me? (= What [How] about sharing your snacks with me?)

3 Knock, and the door will be open to you.

4 Don't think so stupidly.

5 Finish the work by tomorrow, or we can't (= cannot) have a relaxing weekend.

6 What about giving your heart to her?

7 Read many books, and your thoughts will be healthy.

8 You are too talkative. Why don't you stop talking for a while?

9 How about giving some cookies to those children?

10 Drink a lot of (= lots of) water, or you will be tired.

UNIT 19 감탄문과 부가의문문

Simple Test p.89

1 What an exciting movie it is!
2 How beautiful the scenery is!
3 The puppy is really cute, isn't it?
4 Tom didn't eat anything, did he?
5 Go to your classroom, will you?

Practice Test p.90

1 James is very smart, isn't he?
2 Harry and Sally didn't do their homework, did they?
3 Let's order some pizza, shall we?
4 He could buy a good house last year, couldn't he?
5 Don't be shy when you speak English, will you?
6 Your uncle drives his car very fast all the time, doesn't he?
7 A lot of people were in the park, weren't they?
8 You weren't a coward when you were young, were you?
9 David was very popular when he was a high school student, wasn't he?
10 Jessica will visit her aunt tomorrow, won't she?

Actual Test p.91

1 What unbelievable results they are!
2 What a good car Paul bought!
3 How clever that monkey is!
4 Tom and Jerry aren't (= are not) enemies, are they?
5 Let's surprise the girls, shall we?
6 What a fantastic song it is!
7 You didn't brush your teeth last night, did you?
8 Jack and Jill aren't wonderful detectives, are they?

9 Let's go to the mountain, shall we?
10 Don't stop listening to my song, will you?

Review Test p.92

1 Love one another, and you will be happy.
2 It looks brand-new, doesn't it?
3 What fast cheetahs they are!
4 Drink a lot of water, or you will be thirsty.
5 Let's go to Jeju Island this weekend, shall we?
6 Don't forget to submit your report, will you?
7 Why don't you move to Seoul next year?
8 Micky bought a hamster yesterday, didn't he?
9 What a wonderful world!
10 Your sister and you like him very much, don't you?
11 James won't play basketball again, will he?
12 What a creative painter she is!
13 Your father reads a newspaper every morning, doesn't he?
14 Buy your younger brother a hamburger now, or he may be disappointed. (= Buy a hamburger for your younger brother now, or he may be disappointed.)
15 How high [tall] that building in Dubai is!
16 You look sick. Why don't you go to the doctor's clinic?
17 How about making another robot?
18 He spent a lot of time writing the novel, didn't he?
19 Help the stray cat, or it may be hungry.
20 What various plates of food they are!

Ready for Exams p.94

01 Help other people, and you will feel happy.
02 Why don't you wash your car?
03 What a beautiful song it is!
04 Sally went to the museum yesterday, didn't she?
05 Don't be late tomorrow.

06 (1) ⓑ, Logan wasn't there, was he?

(2) ⓒ, Let's work hard, shall we?

(3) ⓓ, How interesting the games are! 또는
How interesting they are!

Chapter 8

전치사와 접속사

 **20** 전치사

Simple Test
p.96

1 He will pick me up at four o'clock.
2 Many Americans live in Korea.
3 We eat out in the evening.
4 The girl is walking across the street.

Practice Test
p.97

1 I will be a scientist in ten years.
2 We eat [have] lunch at noon.
3 Let's walk from here to the park. (= Let's walk to the park from here.)
4 There is a parking lot behind this building.
5 The firefighter ran into the flame.
6 Many (= A lot of = Lots of) flowers bloom on the road along the river.
7 You have to finish this report by tomorrow.
8 The baby always sits next to her mom.
9 There are several sharks around our ship.
10 Let's go on a trip on our wedding anniversary.

Actual Test
p.98

1 This plane is going to (= will) arrive in New York in an [one] hour.
2 He gets up early in the morning.
3 They often avoid the heat at the bank.
4 She will (= is going to) meet him at Incheon airport at two o'clock in the afternoon.
5 They had a discussion about the environment yesterday.
6 He likes to take a walk at night.
7 I'm reading some books at home.
8 Superman will rescue us in two hours.
9 We are going to go to the department store in the afternoon.
10 The robber robbed the house at midnight.

21 접속사

Simple Test
p.99

1 Steve and Tim are good friends.
2 The problem is that she doesn't know it.
3 If it rains tomorrow, I will stay at home.
4 Though (= Although) he was dizzy, he rode the roller coaster again.
5 Unless you are good at dancing, you can sing.

Practice Test
p.100

1 I want to drink hot coffee or cold milk.
2 He got his driver's license, but he can't drive well.
3 That the Earth is round is true. (= It is true that the Earth is round.)
4 The most serious problem is that nobody has the key.
5 She keeps inviting me to the game though I never accept her invitations. (= Though I never accept her invitations, she keeps inviting me to the game.)
6 When you are playing with your friends, I will study hard. (= I will study hard when you are playing with your friends.)
7 As it snowed a lot, there is a traffic jam.

(= There is a traffic jam as it snowed a lot.)

8 She was tired, so she took a nap.

9 That he is a suspect is obvious.

(= It is obvious that he is a suspect.)

10 I will go to the east if you go to the west.

(= If you go to the west, I will go to the east.)

Actual Test   p.101

1 I heard that he is a millionaire.

2 He will want a new task after he finishes the task.

3 Shocking news is that she had a plastic surgery.

4 Because it rained, the birds stayed in the nest. (= The birds stayed in the nest because it rained.)

5 That a real estate market hit the bottom is true. (= It is true that a real estate market hit the bottom.)

6 We were very hungry, so we ate a lot.

7 Becky applied for a job, but her younger brother didn't.

8 When I was young, I was really short. (= I was really short when I was young.)

9 Unless you forgive other people, I won't forgive you either.

10 That you help poor people is great.

(= It is great that you help poor people.)

Review Test   p.102

1 Drinking a cup of coffee in the morning is pleasant.

2 I often come to this bakery because the cheese cake is delicious.

3 They couldn't go abroad because they didn't have enough money.

4 Even though she was blind, she achieved many things.

5 Korea co-hosted the World Cup with Japan in 2002.

6 The model hurt her leg, so the designer

called her at once.

7 Tom and Jerry go to a museum on Mondays.

8 He is very wealthy, so he owns a private jet.

9 Before you go to bed, look back on your day.

10 That he fired her was an unfair decision.

11 Since he ate a lot, he has to exercise. (= He has to exercise since he ate a lot.)

12 That my uncle is a famous singer is a secret. (= It is a secret that my uncle is a famous singer.)

13 It is not true that women don't lke soccer.

14 You had better not drink coffee before you become an adult.

15 On Valentine's Day, he sold chocolate at the market.

16 I saw three movies today, so I had a headache.

17 Even though she doesn't like me, I will write letters. (= I will write letters even though she doesn't like me.)

18 If you fix my computer, I will buy you dinner. (= I will buy you dinner if you fix my computer.)

19 Finish this report before I come back.

20 She promised that she would love him forever.

Ready for Exams   p.104

01 Children get many presents on Christmas Day.

02 Since she likes swimming, she goes to the pool every day.

03 Though he was sick, he finished the project.

04 My father drove from Seoul to Busan alone. (= My father drove alone from Seoul to Busan.)

05 If the weather is nice tomorrow,

06 (1) ⓑ, We go to the park on Sundays.

(2) ⓓ, If you study hard, you will pass the exam. 또는 Unless you study hard, you will not pass the exam.

(3) ⓔ, Though [Although, Even though] she is weak, she can carry the heavy stones.

Chapter 9

to부정사와 동명사

 **UNIT 22** to부정사

Simple Test
p.106

1 To do this now is very important.
2 The puppy wants to drink water.
3 He was pleased to come back to his hometown.

Practice Test
p.107

1 To understand him is not easy.
   (= It is not easy to understand him.)
2 Most people like to go on trips.
3 I don't have any friends to play with this weekend.
4 To be or not to be, that is the question.
5 We need more food to eat right now.
6 Everybody was happy to get a bonus.
7 To read comic books is very interesting.
   (= It is very interesting to read comic books.)
8 She was very sad to see [watch] the movie.
9 I borrowed a lot of books to read during the vacation.
10 It is very hard [difficult] to pass the exam.

Actual Test
p.108

1 It is not easy to solve the quiz.
2 He is honest to tell the truth to the people.

3 It is very hard [difficult] to carry the heavy stones.
4 I was upset to hear the news.
5 To believe is to love.
6 I need a good house to live in.
7 My grandfather lived to be ninety.
8 James is very kind to help the poor man.
9 It is not easy to believe the story.
10 They studied hard to succeed.

UNIT 23 동명사

Simple Test
p.109

1 Giving correct information is your duty.
2 Her hobby is collecting strange stones.
3 She stopped talking to him.
4 I am interested in playing the cello.
5 Not answering the question was rude.

Practice Test
p.110

1 I am tired of looking for the key.
2 Getting up early is not easy.
3 Taking care of children is my job.
4 He likes buying beautiful flowers.
5 My hobby is writing novels about history.
6 Going to the beach is a good way to relax.
7 Taking a walk in the morning is good for your health.
8 She likes watching movies with her kids.
9 Playing computer games for a long time is not good.
10 What are the reasons for not cleaning your room?

Actual Test
p.111

1 Not forgiving the man is your fault.
2 Being a good surgeon is not easy.
3 Being anxious to hear the decision is natural.
4 Making a mistake means learning something.

5 Thinking about someone is missing that person.

6 We enjoyed playing tennis all day long.

7 Cooperating well with each other is important.

8 Not preparing the event was his mistake.

9 Not answering him was not polite.

10 Taking care of a well-behaved child is not hard [difficult].

UNIT 24 to부정사와 동명사를 모두 취하는 동사

Simple Test
p.112

1 I hate doing homework.

2 They tried to succeed.

3 She started to speak loudly.

4 He regretted loving her.

5 He stopped to call her.

Practice Test
p.113

1 She stopped to play the piano.

2 She stopped playing the piano.

3 I forgot to turn off the light in my room.

4 I forgot turning off the light in my room.

5 The traveler remembers to go to the countryside.

6 The traveler remembers going to the countryside.

7 She regrets to join the company.

8 She regrets joining the company.

9 Paul tried to put on the small pants.

10 Paul tried putting on the small pants.

Actual Test
p.114

1 I am looking forward to seeing the movie.

2 He continued fishing (= to fish) all day long.

3 I like driving (= to drive) in the rain.

4 Edison tried sitting on an egg.

5 He remembered talking with me.

6 Jisu forgot to buy batteries.

7 Jisu forgot buying batteries.

8 The divers regretted not rescuing more people.

9 He suddenly stopped playing the piano.

10 They are looking forward to returning home safely.

Review Test
p.115

1 I hate [dislike] riding a horse.

2 He continued driving at high speed.

3 To love one another is important.

4 She needs someone to talk to [with].

5 He writes in his diary every day to keep good memories.

6 The dog must be thirsty to drink so much water.

7 They bought a cozy house to live in.

8 Our duty was to protect children.

9 Your homework is not playing computer games.

10 This cucumber is not fresh enough to eat.

11 She likes going (= to go) shopping on weekends.

12 She forgot to call the professor.

13 He bought me a lot of presents to celebrate my birthday. (= He bought a lot of presents for me to celebrate my birthday.)

14 The little boy grew up to be a movie star.

15 Dad is looking forward to buying a new car.

16 One of my cousins couldn't find a friend to play with.

17 I remember lending him 100,000 won ten years ago. (= I remember lending 100,000 won to him ten years ago.)

18 Not knowing her email address is not important.

19 He tried to lose weight.

20 This water is not safe to drink.

Ready for Exams
p.117

01 To eat delicious food is a big pleasure to me.

02 We enjoy playing soccer on Sundays.

03 He remembers to go to Busan next week.

04 Not exercising is not good for health.

05 I needed something cold to drink.

06 (1) ⓒ, He bought a nice house to live in.

(2) ⓓ, It is not easy to exercise every day.

(3) ⓔ, I am looking forward to going to Jeju Island.

Final Test 1   p.120

1 It is not polite to eat food with the left hand in some countries.

2 What did you get for Christmas last year?

3 Jake sings very well, doesn't he?

4 Susan is as tall as Tom.

5 Was he able to fix the computer by himself?

6 We should [must] clean up this office in the afternoon.

7 Everyone believes that he is a genius.

8 What a fantastic idea this is!

9 Read a lot of books, and you will be good at writing.

10 Do I have to stay at home today?

11 I plan to move to America next year.

12 Is she going to study at the library?

13 I won't eat dinner before my younger sister comes home.

14 Let's go to their charity concert, shall we?

15 How delicious this spaghetti is!

16 Seoul is the busiest city in Korea.

17 The hardest decision is to refuse her suggestion.

18 Put your coins in this piggy bank, or I will take them.

19 The equator is the hottest place on the Earth.

20 You don't have [need] to do your homework today.

Final Test 2   p.124

1 Where were you yesterday?

2 She is smarter than I (am). = She is smarter than me.

3 He bought two bicycles [bikes]. One is red, and the other is blue.

4 Watching (= To watch) documentaries is interesting. (= It is interesting to watch documentaries.)

5 What are you going to do tomorrow? (= What will you do tomorrow?)

6 Scarlet remembers to see Kevin tomorrow.

7 The most serious problem is that she doesn't have the key.

8 There were few people in the park yesterday.

9 Don't play computer games for over an hour, will you?

10 Caterpillars always hope to turn into butterflies.

11 Why does he go to the sea in winter?

12 He worked hard to make money to buy new shoes.

13 Why don't you buy a new computer?

14 I read two books yesterday. One was a comic book, and the other was a novel.

15 This bicycle [bike] is more expensive than that computer.

16 It takes five minutes to eat this pizza.

17 He drank two glasses of orange juice after school.

18 These are our pencils, and those are his bags.

19 This news can't (= cannot) be true.

20 He helped her for three hours though (= although = even though) he had little time. (= Though (= Although = Even though) he had little time, he helped her for three hours.)

제대로
영작문
2